THÉORIE

DU LUXE.

PREMIERE PARTIE.

THÉORIE

DU LUXE

PUBLIÉ PAR

THÉORIE
DU LUXE;
OU
TRAITÉ

DANS lequel on entreprend d'établir que le Luxe est un ressort non-seulement utile, mais même indispensablement nécessaire à la prospérité des Etats.

Le superflu, chose très-nécessaire.

Volt. Mondain.

PREMIERE PARTIE

M. DCC. LXXI.

Dans l'Avertiffement on a omis à la page xiij une phrafe entiere qu'il eft néceffaire de rétablir : c'eft à la ligne 2, après les mots *à fon Auteur?* qu'elle doit être placée.

On prononce parmi nous fur un écrit profond avec auffi peu d'examen que fur un roman frivole.

TABLE DES CHAPITRES
DE LA PREMIERE PARTIE.

I. Partie.

DISCOURS

PRÉLIMINAIRE.

L'Influence du Luxe fur
la profpérité des Etats donne lieu à
une de ces queftions fur lefquelles
on s'eft exercé prefque dans tous
les temps, fans avoir encore pu
trouver des réfultats affez frap-
pans pour accorder tous les fentimens.

L'ÉCLAIRCISSEMENT de ce
point capital ne fçauroit cependant être mis au nombre des pro-
blêmes infolubles. C'eft par les
hommes que le Luxe exifte. Ses

a iij

effets s'operent fur eux & par
eux. Il eft donc poffible de fuivre les effets du Luxe depuis leur
origine jufqu'à leur terme ; &
par conféquent de parvenir à les
apprécier exactement dans leurs
différens dégrés. C'eft ce que
l'on entreprend de faire ici.

S1 c'étoit un objet de pure
curiofité que de fçavoir ce qu'il
faut penfer du Luxe par rapport
aux Corps politiques, on n'auroit jamais fongé à traiter une
matiere fur laquelle jufques ici
tant d'Ecrivains ont vainement
prétendu fixer les idées. L'incertitude d'obtenir un meilleur fuccès auroit détourné d'un pareil
deffein. Mais les fentimens qui

peuvent s'établir fur le Luxe ont des conféquences graves. Elles intéreffent la profpérité de l'Etat. Dès-lors on remplit le devoir d'un bon citoyen en effayant encore de porter le flambeau dans les ténebres dont cette matiere eft obfcurcie.

EN effet , fi le goût du Luxe caufe les défaftres qu'on lui impute , il eft effentiel de manifefter les pernicieufes conféquences de ce goût fi clairement , que de toutes parts on s'éleve contre le Luxe, & que l'on prenne les mefures les plus efficaces pour l'étouffer; mais fi le Luxe eft un reffort néceffaire fans lequel tout languiroit, comme M. Melon & plufieurs au-

tres l'ont penfé, on ne fçauroit mettre cette vérité dans un trop grand
jour , afin qu'on fe garde d'attaquer le Luxe ; puifque le détruire
feroit tarir la fource de l'opulence
& de la force publique.

UNE obfervation frappe l'efprit au premier coup d'œil que
l'on jette fur cette matiere. Dans
la théorie l'opinion commune eft
contraire au Luxe ; dans la pratique tout le monde s'y livre.
Dans tous les temps ce font les
Poëtes, les Orateurs , les Mora-
liftes qui communément ont le
plus décrié le Luxe ; & communément auffi ce font les Hommes
d'Etat qui l'ont appuyé. Parmi
les Ecrivains , ceux qui fe font

déclarés contre le Luxe ont tous
été des perfonnes éloignées de
l'adminiſtration, ou dont les étu-
des n'avoient nul rapport avec
l'économie politique. Au contraire ceux qui ont parlé en faveur
du Luxe ont preſque tous eu
quelque part au maniement des
affaires publiques, ou ont fait de
l'économie politique leur étude
principale.

Si le Luxe eſt funeſte, comment les Hommes d'Etat, qui
par leur place ſont à portée d'en
bien obſerver les ſuites, l'ont-ils
favoriſé, lors même qu'ils ont
le plus voulu le bien ? Si le Luxe
eſt funeſte, comment depuis le
temps qu'il regne, les malheurs

qu'on lui impute & qui devroient frapper tous les yeux, n'ont-ils pas par-tout fait fentir la néceffité d'y renoncer ?

MES méditations fur le Luxe me déterminent à le croire utile, malgré les raifons dont on ap-puye l'opinion contraire. Mais en propofant mes idées, j'ai la jufte défiance qui fied fi bien à quiconque combat un fentiment prefque généralement reçu. Le Public prononcera. Faut-il le prévenir que l'examen de mes principes demande une grande attention, & fur-tout exige que l'on fe dépouille de préventions ? Les vérités les plus claires n'é-chouent que trop fouvent contre l'enthoufiafme & l'habitude.

C'EST une tâche pénible que d'avoir à déraciner d'anciens préjugés. Il n'eſt donné qu'aux hommes d'une excellente nature de pouvoir être détrompés ſur les idées qu'ils ont long-temps regardé comme certaines, & qu'ils ont avouées hautement. Combien n'en voit-on pas qui ſont, pour ainſi dire, identifiés avec leurs opinions ! Ils ne peuvent s'en détacher ; leur cerveau dur eſt modifié pour jamais. Loin de ſe prêter aux rayons d'un jour nouveau qu'on leur fait luire, leur orgueil s'offenſe : leur ſang s'échauffe ; ils s'irritent contre ceux qui veulent les éclairer ; & la peine qu'on prend pour les ramener au vrai, ne fert qu'à les confirmer dans leurs fentimens.

Au premier expofé d'un fyftême pour lequel on a de l'oppofition, il vient communément à l'efprit une foule d'objections qui paroiffent tranchantes, péremptoires & qu'une légere difcuffion diffiperoit entierement : c'eft de quoi l'on ne fe défie pas affez. Pour reconnoître la vérité, pour ne pas la rejetter, en croyant rejetter l'erreur, il faut fe recueillir, méditer, ouvrir toute fon intelligence. Suffit-il d'une lecture fuperficielle & rapide, où l'on ne met que quelques heures pour bien juger d'un Ouvrage de raifonnement, qui peut-être a

coûté des années de réflexion à
fon Auteur?

Il eft déplorable que notre
Nation foit fi inappliquée. Sa
légereté nuit infiniment à fes progrès. Les affaires publiques ne
profperent en aucun pays qu'en
raifon des lumieres générales du
Peuple qui l'habite. Les Miniftres font pris du milieu de leurs
concitoyens : ils n'apportent dans
les places qui leur font confiées
que le dégré de développement
où l'efprit eft parvenu dans leur
Nation.

D'AILLEURS un homme
foutient mal par fes feules forces
une grande adminiftration. De

quelques dons qu'on le suppose
pourvu, ce fardeau surpasse trop
sa portée. Accablés sous les détails, arrêtés à chaque pas par
la complication des matieres,
manquant de temps & de connoissances, les Ministres sont forcés d'emprunter des idées. Ils
ne peuvent les prendre qu'autour d'eux. Quelles idées reçoi-
vent-ils, quand ceux qui les
environnent ne sçachant rien de
sérieux, vivans dans une inattention continuelle, sont vuides de
génie & d'instruction?

UN Ministre de même que
tout autre homme ne peut être
sûr de la justesse de ses idées.
Tout système est incertain, jus-

qu'à ce que son ensemble & chacune de ses parties ayent été mûrement considérées par un million
de têtes ; & qu'enfin la généralité
des gens en état de réfléchir l'approuve. La foiblesse de l'homme,
dans les opérations intellectuelles
comme dans les choses physiques n'est compensée que par
l'union d'un très - grand nombre
d'hommes.

Mais une nouvelle considéra-
tion prouve combien il importe
qu'une Nation soit éclairée pour
être bien gouvernée. Mettez à
la tête des affaires un homme d'un
génie fort au-dessus de son siecle;
sa Nation ne profitera pas de toute la supériorité de lumieres ac-
cordée à cet homme. Pour que les

vues d'un Miniſtre réuſſiſſent, il
faut que le mérite de ſes vues ſoit
ſenti ; il faut que la pluralité les
adopte ; & les hommes n'adop-
tent que ce que leurs connoiſſances les mettent en état d'approuver , ou du-moins que ce que
leurs connoiſſances ne les déterminent pas à rejetter.

Il eſt par-là de l'intérêt même
d'un bon Gouvernement que la
nation qu'il conduit ſoit très-inſ-
truite pour qu'elle ne ſe câbre pas
mal à propos. A quelque point
qu'un Souverain ait la raiſon de
ſon côté, jamais il n'eſt aſſez puiſſant pour triompher des opinions dominantes, fuſſent-elles
préjudiciables , s'il les attaque ouvertement.

vertement. Le peuple sent alors toute sa force. Il sent qu'on ne peut rien sur lui que par lui; & la résistance qu'il oppose devient un obstacle insurmontable. Le peuple, dans tous les pays, est, pour l'autorité qui le régit, un Corps formidable, contre lequel se brisent toujours les téméraires qui ne craignent pas de le heurter.

Aussi voyons-nous que partout les Nations se gouvernent elles-mêmes. Le sentiment général regle par-tout l'administration. La voix publique, lorsqu'elle s'éleve, tantôt inspire l'autorité, tantôt la détourne ou l'arrête.

Partie I.   b

Sous le Gouvernement le plus abſolu, où le peuple paroît n'être qu'un vil troupeau d'eſclaves, où il paroît n'avoir point de volonté , le deſpotiſme ne s'exerce que par le conſentement de tous. Dans un pareil Etat les eſprits ſont montés à trouver de l'avantage dans la ſervitude. C'eſt leur façon de voir. Autrement la ſcene changeroit de face. En veut-on la preuve ? Que l'on obſerve avec quelle facilité ce peuple anéanti en apparence renverſe ſes Maîtres au premier mécontentement.

Quand un Etat eſt habituellement mal régi, que la Nation ne s'en prenne donc pas à

ceux qui gouvernent. Le mal
vient tout entier de fa propre négligence. C'eſt qu'elle ne s'occupe point aſſez de ſes intérêts.
C'eſt qu'elle ne ſe met point en
peine de diriger en quelque ſorte
ſés Directeurs , quoiqu'elle le
puiſſe & quoiqu'il le faille. L'a-
vantage commun demande l'avis
de tous , la ſurveillance de tous.

L'INJUSTICE des Peuples
eſt extrême. Ils veulent que leurs
affaires aillent bien , & ils ne veulent pas s'en·mêler. Penſe-t-on
que les affaires publiques demandent moins de ſoin que les affaires domeſtiques ? Eſt-ce parce
que les premieres ſont d'une plus
grande conſéquence qu'on croit

moins rifquer à les abandonner ?

UNE Nation qui néglige les matieres publiques, fe delaiffe pour ainfi dire elle-même ; elle renonce à la profpérité, pour fe jetter au-devant de l'oppreffion & du malheur.

L'ÉTUDE de l'économie politique eft-elle donc un labyrinthe inextricable ? point du tout. Il n'y a peut-être pas dans cette fcience trente vérités majeures à connoître. Si l'on s'appliquoit férieufement à pénétrer les matieres qui intéreffent l'adminiftration, elles feroient toutes éclaircies en moins d'un fiecle. On auroit alors des axiômes, au lieu de queftions ; & chacun étant guidé

par des principes certains, recon-
nus , l'impéritie ni l'infidélité·ne
pourroient nuire au bonheur
public.

L'Ouvrage que l'on pré-
sente ici n'est pas une lecture d'a-
grément. On a cru ne devoir s'attacher qu'à bien développer la
question & à réunir tout ce qui
pouvoit conduire à sa solution.
Après s'être rendu maître du
fonds, autant qu'il a été possible,
on s'est uniquement occupé de sa
méthode & de la clarté. La difficulté de la tâche n'a laissé ni le
courage ni la force de donner d'autres soins à la forme. La séche-
resse & les longueurs sont pardon-
nables dans un Ecrit où l'on a dû

facrifier tout à l'évidence : *Ornari res ipfa negat, contenta doceri.* Le mérite de penfer jufte s'achete par des peines. Il faut s'armer contre la fatigue & l'ennui prefque inféparable de tout examen profond.

Si les éclairs du ftyle, les traits rapident éblouiffent, féduifent au premier moment, ils ne convainquent pas. Ils laiffent de l'obfcurité, de l'incertitude dans l'efprit. C'eft l'expofition foignée, la difcuffion fcrupuleufe, la réunion complette des raifons qui feules conftituent une démonftration victorieufe.

Puissé-je ne m'être point égaré en traitant mon fujet ! fi j'ai bien vu : fi j'ai levé le voile qui cache la vérité, j'aurai mérité de la patrie & des hommes. Quels droits n'ont pas à notre reconnoiſſance ces génies créateurs à qui l'on doit les inventions diverſes qui répandent tant d'agrémens dans la vie & fondent la puiſſance des Peuples ! Celui qui chaſſe de la terre une erreur ne fait pas moins pour l'intérêt de l'humanité que l'inventeur d'un inſtrument utile. Il a ſon rang marqué parmi les bienfaiĉteurs du monde.

TITRE flatteur & préférable à toute autre récompenſe ! l'ambition de l'acquérir eſt belle. C'eſt la ſeule que la philoſophie approuve, & qué nourriſſe en ſoi un homme qui penſe de ſon être avec dignité. Je l'avoue : j'ai osé lui donner entrée dans mon cœur. En m'occupant de rectifier les idées sur le Luxe , je me suis permis l'espoir de contribuer pour ma part au bien de mes semblables.

CET attrait m'a soutenu au milieu des ronces dont l'ignorance & les préjugés hériffent de toutes parts la carrierre où je me suis engagé. Car quelque difficile qu'il soit pour nos foibles yeux de découvrir le vrai ; il est plus difficile encore , après l'avoir trouvé , de diffiper les fauffes lueurs dont tant d'esprits superficiels & louches ne ceffent de l'offufquer.

THÉORIE

THÉORIE DU LUXE.

PREMIERE PARTIE.

CHAPITRE PREMIER.

Les Principes de l'économie politique ne peuvent avoir tout leur effet que dans les grands Etats. Par conséquent quand on veut raisonner en général sur les matieres d'économie politique, il faut les envisager sous le rapport qu'elles ont avec les intérêts d'un grand Empire; & c'est ainsi que le Luxe doit être considéré pour être bien apprécié.

LA prospérité complette & durable d'un Empire paroît dépendre de deux points fondamentaux, d'un domaine vaste, bien ramaſſé, & d'une conſtitution ſage.

DE ces deux conditions, ſans la réunion deſquelles un État ne ſçauroit jouir d'une proſpérité permanente & complette, l'étendue des domaines eſt la principale.

LE bonheur d'un peuple & ſa puiſſance ſont en raiſon de l'état des arts & des progrès de l'eſprit chez ce même peuple. Les jouiſſances privées, la force publique dérivent de ces deux ſources. Mais les facultés de l'intelligence ne ſe développent, les arts ne naiſſent, ne ſe perfectionnent, ne deviennent familiers & communs, que parmi un très-grand nombre d'hommes qui communiquent beaucoup entre eux, & qui ont à leur diſpoſition beaucoup de ſubſtances & de matieres diverſes, par le moyen deſquelles ils peuvent mettre en exécution les inventions de leur génie.

OR une nation ne peut être très-nombreuſe & en état de ſe procurer d'une maniere certaine beaucoup de subſtances diverſes, qu'autant qu'elle poſſede un très-grand pays.

Il faut donc avant tout qu'un Etat ſoit vaſte, pour qu'il jouiſſe d'une proſpérité complette.

La grande étendue d'un Etat opere d'ailleurs phyſiquement ſa conſervation & la continuité de ſon bonheur. La contagion ne l'infecte jamais en totalité. Se manifeſte-t-elle en un canton? Ce canton eſt auſſitôt aſſiſté de toutes parts. Les malades ſont ſervis, les remedes, les alimens, toutes ſortes de ſecours abondent. On atténue le mal par mille précautions; on l'empêche de s'étendre. Combattue par des ſoins intelligens & par des efforts dont un grand peuple eſt ſeul capable, la malignité de l'air s'uſe & ſe diſſipe avant d'avoir fait beaucoup de ravages; & les pertes, que la premiere attaque a cauſées, ſont promptement réparées par les contributions des autres provinces, fans que leur aifance en fouffre. Le contingent de chacune , quoique léger, produit une maffe confidérable.

Il en eft de même des difettes que chaque année quelques cantons éprouvent tour-à-tour tantôt fur une production, tantôt fur une autre. Elles ne font point fenfibles dans un grand Etat. La nature a une mefure réglée de dons qu'elle ne retient jamais. Elle les répand fur la face de la terre. Mais, dans le partage qu'elle fait de fes biens, elle ne s'affujettit pas à une telle précifion que chaque année ramene pour chaque lieu la même diftribution. C'eft dans le produit d'une fuite d'années que l'on reconnoît la conftance & l'égalité de fes bienfaits. Elle verfe l'abondance fur un pays voifin de celui qu'elle frappe de ftérilité ; & ce dernier à fon tour recueillera les plus riches moiffons, tandis que dans l'autre on

aura labouré les guérets infructueuse-
ment. Lorsque les récoltes manquent
en quelque lieu d'un grand Empire,
les travaux du reste de ses provinces,
étant payés d'une heureuse fécondité,
suffisent à la consommation de la totalité. Sans sollicitude de la part du Gouvernement, sans magasins publics, par
le seul effet d'une communication libre
& facile, on n'y connoît ni disette ni
grande cherté. On ne peut y éprouver
ces calamités que par les manœuvres
du monopole, ou par les vices d'une
administration qui, coupant, pour ainsi
dire, l'Etat en petites parcelles, le prive
du bénéfice de son étendue.

DANS la guerre cette même étendue fait le salut de l'Etat.

QUE l'on considere le grand nombre
d'hommes, de chevaux, &c. qu'elle
peut nourrir; l'immense quantité d'armes, de munitions de guerre & de
bouche qu'elle peut fournir; & que

l'on juge de la force d'une pareille maſſe! Car la puiſſance, qui réſulte de la réunion d'un certain nombre d'hommes & d'une certaine quantité poſitive de moyens, ne doit pas s'eſtimer ſeulement par le produit additionné de la force de chaque individu & de chaque moyen, comme *deux* & *un* font *trois*. On ne doit pas dire *cent* hommes unis ont cent fois plus de force qu'*un*. La proportion de l'avantage, que cent hommes réunis ont ſur un ſeul, eſt bien ſupérieure à leur rapport numérique. La progreſſion de la puiſſance, quand le nombre des hommes & la quantité des moyens augmentent conſidérablement, eſt infinie ou au moins incalculable.

Il n'y a point d'armée ſi nombreuſe qu'on la ſuppoſe, tant qu'on ne ſortira pas des bornes du vraiſemblable, qui puiſſe envahir tout-à-coup un grand Empire. La ſurpriſe d'une irruption ſoudaine, le ſuccès même de quelques

campagnes , ne fuffifent point pour
l'affujettir. Tandis que l'aggreffeur, vou-
lant profiter du bonheur de fes premiers efforts, cherche à s'établir dans
les provinces dont il s'eft ouvert l'entrée, on ramaffe des forces puiffantes
dans celles où il n'a point pénétré.
Ces forces, qui peuvent être cent fois
renouvellées, tombant fur un ennemi
qui s'affoiblit chaque jour par l'éloignement où il eft de fon pays, le culbutent
& le chaffent à la fin honteufement.
L'Etat étoit détruit s'il n'eût confifté
que dans les parties de l'Empire dont
l'aggreffeur s'étoit emparé. Il eft fau-
vé : par ce qu'il lui reftoit encore dé
grandes provinces qui ont fourni des
troupes nombreufes; parce que, maître
encore d'un grand terrein , il y a trouvé
des reffources pour fufciter inceffamment des obftacles aux progrès de l'ennemi , & que l'aggreffeur , arrêté par
tant d'oppofitions, a ufé fa fortune &
fon pouvoir avant que l'attaqué ait été
épuifé. A iv

•AINSI, pour qu'un Etat jouisse d'une prospérité complette & durable, il faut qu'il soit vaste.

IL est vrai que les avantages, attachés à la vaste étendue d'un Empire, n'existent, pour ainsi dire, qu'en germe dans son sein, si l'efficacité d'une sage constitution ne les fait point éclorre.

IL en est des plus vastes domaines comme du champ d'un simple particulier ; *tant vaut l'homme*, dit-on, *tant vaut la terre*. C'est la constitution du gouvernement d'une nation qui fait les hommes ce qu'ils sont ; & ce sont les hommes qui, selon leur *valeur*, réduisent en acte, réalisent les forces qu'une nation peut tirer de l'étendue de ses possessions.

ON a vu les plus grands Etats détruits par une poignée d'hommes. Cinq à six mille Tartares ont conquis la Chine ; quatre à cinq cens Éspa-

gnols ont exterminé les Péruviens &
les Mexiquains ; trente mille Macé-
doniens ont renverſé l'immenſe Empire
des Perſes.* Quelle eſt la cauſe de ces
événemens qui paroiſſent tenir du pro-
dige ? l'inertie des principales facultés de l'ame & du corps, occaſionnée
dans les vaincus par le régime auquel
ils obéiſſoient ; & le développement,
l'activité habituelle de ces mêmes facultés, produits dans les vainqueurs par
la maniere dont ils vivoient, ou dont
ils étoient gouvernés.

QUELQUES auteurs prétendent que
les grands Empires ſont voués au deſpotiſme par une ſuite néceſſaire de leur
étendue. C'eſt ſoutenir qu'un Empire
ne peut jouir à-la-fois d'un vaſte domaine & d'une bonne conſtitution de
gouvernement. Car le deſpotiſme eſt
moins un gouvernement qu'une dévaſ-
tation graduelle, une oppreſſion continuelle.

L'IDÉE, que les grands Empires ne peuvent être gouvernés que defpotiquement, femble beaucoup plus fondée fur l'exemple des grands Etats qui exiftent & qui ont exifté, que fur une évidence bien manifefte qu'il y a néceffité que les grands Empires foient ainfi gouvernés. Pourquoi la grandeur d'un Empire ne pourroit-elle s'allier avec une autre conftitution de gouvernement que l'autorité arbitraire ? Tout dans un Etat dépend des loix qui y font inftituées. La force des loix, loin de s'affoiblir par le nombre de ceux qu'elles régiffent, s'accroît par leur multitude. Une fois admifes, elles s'emparent des opinions ; elles fubjuguent & le légiflateur & les fujets ; & dominent comme des divinités invifibles avec un afcendant d'autant plus affuré, d'autant plus irréfiftible, qu'il s'exerce fur une nation plus nombreufe.

POUR décider que telle ou telle con-

dition d'un Etat exclue néceffairement
une bonne conftitution de gouvernement , il faudroit avoir épuifé toutes
les manieres dont on peut combiner
les ét. bliffemens d'une bonne conftitution, fans en avoir trouvé qui s'adap-
tât à cette condition. Hé ! connoît-
on affez la fcience de conftituer un
gouvernement politique , pour décider
qu'un grand Empire ne puiffe avoir un
bon gouvernement ?

TOUTES les formes de gouvernement
qui ont exifté jufqu'ici ont été calcu-
lées pour de petits peuples ; & font
devenues d'autant plus mauvaifes , que
dans l'origine elles étoient mieux conçues. Car l'effet de leur fageffe a été
le progrès des nations qui vivoient
fous leur influence ; & ce qui conve-
noit à un peuple naiffant ou foible , ne
lui eft plus propre quand il a pris un
grand accroiffement.

DE-LA vient que par-tout le droit

public eſt incertain , & que les loix
fondamentales perdent de leur vigueur
à meſure que l'Etat s'aggrandit. Les
peuples ſuivent aveuglément d'anciennes erres que d'anciens ſuccès ont ac-
créditées. Ils ne ſe doutent pas que les
embarras ſucceſſifs , où ils ſe trouvent
perpétuellement , proviennent de leur
fidélité pour des maximes qui ne leur
conviennent plus. On naît ſous un
gouvernement tout établi. On ne ſonge
pas à l'examiner , à le comparer avec
les circonſtances qui ſont ſurvenues ; &
la ſcience de la légiſlation fondamentales , c'eſt-à-dire , la ſcience la plus
importante de toutes , ne profite pas
des progrès de l'eſprit humain. Elle eſt
encore chez preſque toutes les nations
dans ſa premiere enfance.

LES raiſons ſur leſquelles le Deſcar-
tes de la politique , M. de Monteſ-
quieu , établit qu'un grand Empire ſuppoſe une autorité deſpotique dans ce-

lui qui gouverne, n'ont pas de solidité.
Il seroit aisé de les réfuter, & de dé-
montrer, même par les faits, que le
despotisme n'est pas une suite nécessaire
de la vaste étendue d'un Empire. Cette
discussion, qui seroit longue, n'est pas
de mon sujet. Ce qu'on vient de dire
suffit pour établir que ce n'est pas une
contradiction dans les termes, que d'admettre un grand Empire bien consti-
titué.

J'ai dit que, sans le secours d'une
constitution sage, un Etat ne retire pas
de ses possessions le fruit qu'il peut en
retirer. Mais, à quelque point que les
avantages attachés à la vaste étendue
d'un Empire dépendent d'une bonne
constitution de gouvernement, il faut
convenir qu'ils ne seroient point produits dans un petit Etat par le mérite
de la constitution, quelque excellente
qu'elle fût.

Les meilleures loix, la plus habile

adminiſtration , ne rendront jamais un
Etat ni pleinement floriſſant , ni certain
de ſa deſtinée , tant que ſon Domaine
ſera petit ou morcelé. Les révolutions
qui ſurviennent chez ſes voiſins in-
fluent ſur ſa proſpérité , ſur ſon exiſtence. Il ſuffit d'un effort de peu de
durée pour l'aſſervir. Il eſt envahi ,
détruit en une ou deux campagnes.
L'intempérie des ſaiſons peut cauſer,
par les maladies épidémiques & par
la famine , des ravages irréparables ,
ou capables au-moins de l'abattre pour
long-tems. La nature n'y a pas tout
ſon jeu. Les ſciences ni les arts ſoit de
la paix ſoit de la guerre, ne s'y élevent
jamais à la perfection , & même ne
s'y multiplient point.

L'EXEMPLE des Grecs, qui nous
ſervent encore de Maîtres dans tant
de choſes , ne combat point cette
theſe. Les Grecs étoient à la vérité
partagés en petits Etats. Mais ces

Etats, la plûpart réunis fous l'autorité des Amphyctions en un feul corps politique, tous liés les uns aux autres par l'identité du langage, de la Religion, par une idée de confraternité, communiquoient inceffamment entre eux, d'autant plus que prefque tous étant fitués près ou le long des côtes de la mer, la navigation leur en donnoit la facilité. Ils ne formoient réellement, à bien des égards, qu'un même peuple très-nombreux dont les poffeffions s'étendoient depuis la Sicile & l'Italie jufqu'aux côtes de l'Afie. C'en eft affez pour expliquer les progrès de cette nation célebre dans les arts & dans les fciences.

L'ITALIE, à qui l'on doit la renaiffance des lettres & des beaux arts, & qui les a cultivés avec tant de fuccès, eft à-peu-près dans le même cas que la Grece.

UN petit Etat abfolument détaché,

& ne faifant corps avec aucun autre ; mais placé près d'un grand Etat, peut fe diftinguer en profitant des découvertes & des lumieres de fes voifins. Il n'en eft pas pour cela moins vrai que le développement de l'intelligence & le perfectionnement des arts dépendent de la communication fréquente d'un très-grand nombre d'hommes entre eux ; & que cette communication ne peut avoir lieu, avec une efficacité complette, que dans un grand Etat ou parmi des hommes en grand nombre, qui, quoique partagés en fociétés particulieres, ne laiffent pas d'avoir affez de rapports communs pour ne former en quelque forte qu'un feul & même peuple qui occupe beaucoup de pays.

L'EUROPE ni même l'Afie ne fçauroient fournir d'exemple concluant contre cette opinion. Les peuples policés ont trop de liaifons enfemble pour que les lumieres d'une nation ne

s'étendent

s'étendent pas fur une autre. On n'ap-
préciera bien le fentiment, qu'on établit
ici , qu'en féparant par l'imagination
un Etat de tout ce qui l'entoure ; &
qu'en le fuppofant parfaitement ifolé.
On concevra fans peine alors qu'une
nation , qui n'occupe qu'un petit terrain,
doit s'anéantir avec le tems , ou refter éternellement dans la foibleffe &
dans une forte d'abrutiffement.

« ELLE doit s'anéantir » : parce
qu'elle n'a ni défenfes ni reffources contre les fléaux du ciel , dont aucun canton n'eft exempt dans une longue fuite
d'années. Si par hazard elle fe conferve:
« elle doit refter dans la foibleffe &
» dans une forte d'abrutiffement » :
voici pourquoi. Un petit Pays n'a pas
beaucoup de productions de différente
efpece. La nature n'y eft pas variée.
Outre cela la population n'y fauroit
être confidérable ; & parmi un petit
nombre de perfonnes , il ne peut y

avoir un grand nombre de diverses sortes d'esprits. Il ne peut non plus sortir un grand nombre d'idées d'un petit nombre de têtes. Or, c'est la variété des objets qu'on a sous les yeux & des phénomenes dont on est témoin ; c'est le secours mutuel que les diverses sortes d'esprits se prêtent & le concours d'une multitude d'idées, qui conjointement operent le développement & les progrès de l'esprit humain.

AJOUTEZ à cela que la nécessité de pourvoir aux besoins de la vie, difficile à satisfaire dans une grande société, aiguillonne l'esprit, en accélere les productions, & toujours avec d'autant plus de force que les sociétés sont plus nombreuses, parce qu'alors la concurrence dans tous les genres étant plus grande, il faut plus d'efforts pour obtenir l'objet de ses desirs. C'est ainsi que les animaux qui ne sont point chassés, & qui vivent sans inquiétude, sont ſtupides ; au lieu que les animaux de la même eſpece, qui ſont chaſſés, imaginent des ruſes, prennent des précautions , acquierent en quelque ſorte de l'eſprit.

LES faits s'accordent là-deſſus avec le raiſonnement. Les petites iſles éloignées de tout continent ſont toutes déſertes. Dans celles qui ſont plus grandes, où l'eſpece humaine s'eſt conſervée ſans pouvoir multiplier beaucoup, les hommes méritent à peine qu'on les diſtingue des brutes. Dans les grands continents , par-tout où les naturels vivent de chaſſe , de pêche , en un mot de recherche , genre de vie qui ne permet pas à un grand nombre d'individus d'habiter le même canton, ils ſont preſque ſans idées. Quand on a pénétré dans le nouveau monde , on n'a vû des commencemens d'arts , des notions d'ordre , quelques connoiſſances , que chez les Peuples qui , placés ſur un ſol fertile & très-vaste , avoient pris goût à la culture des terres , & qui, ayant par-là des vivres en abondance, étoient devenus très-nombreux.

LES principes de l'économie politique , dont le corps forme ce que l'on appelle la conftitution d'un Etat, ont une vertu fécondante qui fait éclorre toutes les poffibilités de la nature ; & qui, agiffant fans ceffe fur ce qu'elle a engendré , fait que fes productions fe multiplient les unes par les autres , & qu'elles deviennent caufes de mille productions d'efpece différente. Mais cette vertu ne déploye fon énergie qu'autant que le pays fur lequel elle agit en eft fufceptible par fon étendue & par la qualité de fon fol , c'eft une étincelle qui enflamme un grand bûcher, ou qui s'éteint faute de matiere.

LA bonté de la conftitution du gouvernement peut cependant faire qu'un petit Etat, environné de nombreux voi-

ſins dont il tire parti , jouiſſe d'une
certaine opulence ; qu'il recule ſucceſſivement ſes limites , & les porte au
loin à la faveur de conjonctures heureuſes ; mais ce ſera ſeulement lorſqu'il
aura acquis une grande étendue , que
ſon ſort ſera véritablement fixé , &
que ſa proſpérité ſera parfaite & conſ-
tante : s'il continue d'être bien conduit.

Un grand Empire bien ramaſſé ,
d'une ſeule piece pour ainſi dire , ayant
une bonne conſtitution , & par conſéquent étant habituellement bien admi-
niſtré , ne peut être conquis ni même
entamé. Les ſciences & les arts y fleuriſſent. Les eſprits y ſont éclairés. L'induſtrie s'y exerce ſur les terres & ſur
les produits de toute nature. L'effort
de tant de travaux dirigés avec intelligence enfante inceſſamment l'abondance , les commodités , les plaiſirs , la
puiſſance. Cet Empire eſt heureux au

dedans, redoutable au dehors; &, comme nulle force étrangere n'eſt capable de le renverſer, ſa proſpérité eſt auſſi ſolide que complette.

CONCEVEZ un petit Etat, & concevez-le auſſi bien gouverné que ce grand Empire. Comparez-les enſemble. S'agit-il de guerre ? Quel appareil du côté du grand Empire ! Que de machines, de troupes, de munitions ! Que d'art, de moyens, de reſſources ! Au contraire, que de foibleſſe du côté du petit Etat ! Il eſt à la merci de l'autre. Enviſageons-les dans la paix. Le grand Empire étale un vaſte ſpectacle où l'on découvre en mille ſcênes différentes les prodiges du génie: édifices magnifiques, découvertes des hautes ſciences, chefs-d'œuvres des beaux arts, ouvrages immenſes en canaux, en chemins, qui paroiſſent ſurpaſſer les forces humaines. On y voit une multitude innombrable de gens qui

vivent commodément dans l'abondance
au milieu des agrémens de la vie, &
à qui des jouiſſances variées à l'infini,
offrent leurs douceurs : tout-à-la-fois
aiguillon & délaſſement des travaux.
Le petit Etat ne préſente qu'un aſpect
dénué d'éclat; un peuple dont les jouiſſances ſimples, bornées au néceſſaire,
ſont le fruit de l'attention, de la peine
& de l'épargne. La conſtitution eſt
également bonne dans ces deux Etats.
Tous deux ſont au comble de proſpérité où dans leur ſphere ils puiſſent atteindre. Cependant quelle différence
dans leur ſituation !

IL faut donc pour qu'un Etat jouiſſe
d'une proſpérité complette & durable,
non-ſeulement qu'il ait une bonne conſtitution, mais encore une vaſte étendue.

IL ne ſuit pas de ce ſyſtême qu'un
Etat doive ſans ceſſe tendre à s'aggran-
dir, & que l'ardeur des conquérans,

qui, comme Alexandre, trouvent la terre trop petite pour satisfaire leur ambition, soit justifiée par la politique. Tout a des bornes : & ces bornes sont marquées dans chaque chose par l'objet même de la chose. Quel objet rend une vaste étendue intéressante pour un Empire ? C'est sa conservation & sa prospérité. Comment la grandeur de l'étendue opere-t-elle ces effets ? C'est comme on vient de le dire ; 1°. d'une maniere directe, par la quantité de productions diverses qu'elle peut donner, par le nombre d'hommes qu'elle peut par conséquent nourrir, pourvoir ; & d'une maniere indirecte, par le perfectionnement des arts, la multiplication des connoissances & le progrès des lumieres dans tous les esprits : circonstances qui naissent seulement de l'existence d'un grand nombre d'hommes rassemblés & pourvus abondamment de matieres de toute nature. 2°. En réduisant à des calamités passa-

geres & bientôt réparées, les malheurs
d'une guerre, les défaſtres de la contagion & de la ſtérilité qui cauſeroient
l'entiere ruine d'un petit Etat.

L'objet eſt donc rempli, & par
conſéquent l'Empire eſt aſſez vaſte;
lorſque par ſon étendue il ne peut pas
craindre, à en juger par les évenemens
connus juſqu'ici, qu'un volume d'air in-
feĉté qui apporte une épidémie mor-
telle, couvre jamais à la fois une partie
conſidérable de ſes domaines; ou que
la ſtérilité frappe jamais en même tems
un aſſez grand nombre de ſes provinces, pour que les provinces épargnées
ne puiſſent ſuffire aux beſoins de celles
qui ſeroient maltraitées; ou enfin que,
ſi, dans les premieres campagnes d'une
guerre, ſes ennemis, par une ſuite des
variations ordinaires de la fortune, lui
ont enlevé du terrein : l'Empire ne ſe
trouve plus des poſſeſſions aſſez grandes pour être en état d'oppoſer une

nouvelle réſiſtance & d'attendre de meilleurs ſuccès.

U N Empire dont l'étendue eſt dans
les proportions qu'on vient d'énoncer,
& qui joint au bénéfice de ſon étendue
celui d'une conſtitution bien combinée,
ſe ſuffit à lui-même, ne dépend que de
lui. Il ne craint ni les malheurs de ſes
voiſins ni leur bonheur. Il ſouhaite même leur proſpérité. Les fléaux les plus
terribles ne lui portent point d'atteintes
irréparables. Si quelque choſe peut du-
rer toujours, il doit être éternel.

C'EST-là véritablement un Empire :
& c'eſt ſeulement dans un tel Etat que
le développement naturel des effets de
l'économie politique s'opere entierement.
Le phyſique dans les petits Etats ne
peut répondre à toute l'action des principes d'une bonne économie. Cette action eſt gênée par l'influence des relations qu'ils ont avec leurs voiſins. Ainſi,
quand on veut raiſonner en général ſur

les matieres d'économie politique, il
faut indifpenfablement les envifager
fous le rapport qu'elles ont avec les
intérêts d'un grand Empire. Autrement
on les juge mal. Puifque, toute idée
générale ne pouvant porter, pour être
bien fondée, que fur le cours naturel
des chofes en pleine liberté, c'eft feulement dans les Etats d'une grande
étendue que les principes de l'économie politique, ne rencontrant point
d'obftacle ni dans le fol ni dans les circonftances du dehors, peuvent avoir
un libre & plein effet.

On ne peut fe décider fur la qualité
d'un fyftême politique en lui-même,
que par l'influence de ce fyftême fur
un grand Empire. La fpéculation ni
même la pratique ne fourniffent pas de
motifs fuffifans pour conclure d'une
maniere abfoluë pour ou contre une
maxime appliquée au gouvernement
d'un petit Etat. Quelque avanta-

geufes ou defavantageufes qu'en foient les fuites dans ce petit Etat, on doit la ranger dans la claffe des cas particuliers : & non en former une regle générale ; jufqu'à ce qu'appliquée au gouvernement d'un grand Etat, elle ait été reconnue pour bonne ou pour mauvaife, felon le bien ou le mal qu'elle y produiroit.

L'EXAMEN des principes qui conviennent à un petit Etat , exige que l'on donne autant d'attention à fes relations qu'à la nature même des objets que l'on examine ; & l'on fe détermine dans fon adminiftration moins par la vue du mieux intrinfeque que par la vue du mieux relatif que fa pofition comporte. Chaque Etat de cette efpece demande un fyftême propre , accommodé fpécialement à fes circonftances, & mobile au gré des évenemens.

POUR établir fur un fujet quelconque une façon de penfer invariable, il faut le dépouiller des circonſtances acceſſoires, & s'arrêter ſeulement ſur ſes proprietés eſſentielles. A ce titre, pour approfondir une queſtion d'économie politique, & la réſoudre en un axiome certain, on voit qu'il eſt néceſſaire d'en conſidérer le ſujet par rapport à ſes effets ſur un grand Etat puiſſant par ſon propre territoire, indépendant de tout, & où l'entendement n'ait à conſulter que le fond même des choſes.

Le vrai moyen d'apprécier exactement le Luxe, eſt donc d'en obſerver les conſéquences dans un grand Etat. C'eſt-à-dire de le conſidérer en lui-même dans ſes effets naturels, tels qu'ils ſe ſuccedent dans les ſociétés politiques : lorſque les hommes & les choſes ſont comme la nature les fait le plus communément, & que nulle circonſtance particuliere, ſoit morale, ſoit phyſique, n'altere le cours de ces effets. Le Luxe ſera examiné dans le préſent écrit ſous ce point de vue. L'espece de la question en fait une loi , & c'est une satisfaction , un juste motif d'encouragement pour un François , en traitant en général une matiere d'économie politique , de sentir que les résultats de son travail s'appliqueront directement à l'Etat dont il fait partie. Car l'étendue de la Monarchie Françoise la met sans doute au nombre des grands Empires.

CHAPITRE II.

LA grande étendue d'un Etat opérant sa prospérité, à la faveur des vrais principes de l'économie politique, principalement par les productions que le travail peut tirer d'un grand territoire, le premier objet du Législateur doit être d'encourager le travail. Le goût du Luxe est le ressort qui répond le plus efficacement à cette vue : lorsque la sureté personnelle & celle de la propriété des biens est solidement établie.

LA grande étendue d'un Empire étant le principal fondement de sa puissance & de sa prospérité ; & la grande étendue n'étant essentiellement la base de la puissance & de la prospérité d'un Empire, que par la quantité de productions diverses que le travail peut en tirer, l'intérêt le plus pressant d'un grand

Empire eſt évidemment d'animer ſes ſujets au travail.

La nature facilite cet objet par la diverſité qu'elle a miſe dans ſes pro-ductions, par les beſoins qu'elle a donnés à l'homme, par l'intelligence dont elle l'a doué, & par le goût qu'elle lui inſ-pire pour toutes les ſortes de jouiſſan-ces analogues à ſon être.

Cela poſé, le Légiſlateur, après avoir aſſuré au travailleur de la ma-niere la plus ſacrée la jouiſſance pleine du fruit de ſes idées & de ſon travail, doit pour premiere regle laiſſer l'eſſor le plus libre à l'induſtrie du travailleur & à la fantaiſie du conſommateur, ſans autre reſtriction que de borner en cer-tains cas mûrement peſés & plus rares qu'on ne le croit communément, les achats de production étrangere.

Voyons ce qui doit réſulter de cette maxime, & pour en apprécier

les

les effets dans un Empire, tranſpor-
tons-nous aux premiers tems où la réunion d'un grand nombre de petites nations, auparavant éparſes & ſauvages,
auroit commencé à le former, comme
on en a l'exemple dans celui des In-
cas.

ON s'occupe d'abord dans cet Empire de pourvoir aux premiers beſoins.
C'eſt pour cet objet que l'induſtrie s'é-
veille. L'aſſurance de jouir du fruit de
ſon intelligence & de ſes ſueurs anime
le travail, & bientôt on a d'abondantes
proviſions. Bientôt auſſi le cultivateur
intelligent & laborieux, qui recueille
ſur ſes champs d'amples moiſſons de diverſes ſortes, regorge de denrées. Il
en poſſede au-delà de ce que les beſoins
ſimples de la vie en demandent pour
ſa famille & pour lui. Il n'a preſque
point encore donné d'extenſion à ces
premiers beſoins. Son activité va donc ſe

ralentir. Il bornera ſes ſoins à une moindre production pour ménager ſes peines, & pour n'avoir point autour de
lui des amas inutiles.

CERTES l'aſſurance pour chacun
de conſerver le prix de ſon labeur eſt
une condition capitale, ſans laquelle
toute émulation s'éteint . Mais il eſt une
autre condition également capitale,
ſans laquelle l'émulation ne naît pas.
C'eſt l'eſpérance en travaillant d'obtenir un produit qui ſatisfaſſe. L'homme
refuſe ſes efforts & ſon induſtrie lorſqu'il n'eſpere pas en retirer un ſalaire
qui lui convienne ; comme lorſqu'il
craint qu'on ne lui enleve le fruit de ſes
peines. Ces deux cas ſont les mêmes
pour lui. Il ne travaille que pour jouir.

CE ſont les arts qui par leurs productions peuvent ſeuls offrir au travail
une récompenſe qui l'excite. Un Empire naiſſant, tel que celui que nous

suppofons, n'a point cette reffource. Il
ne connoît qu'un petit nombre d'arts
groffiers dont le fecours ne s'étend
qu'aux chofes les plus néceffaires. Les
arts n'éclofent point en foule. Ils s'en-
gendrent les uns des autres avec le tems
& au fein d'un commencement d'abondance qu'ils augmentent à leur tour. Il
faut les attendre. Jufque-là l'émulation,
manquant d'un attrait affez puiffant, n'a
point toute fon intenfité.

LE cultivateur ne trouvant point à
échanger fes grains, fes beftiaux fuperflus contre des jouiffances quelcon-
ques qui le dédommagent de fes foins,
Nul doute que, furchargé de fon abondance, il ne préfere les douceurs du
loifir à la vie active que demandent des
entreprifes étendues. Il diminuera fes
cultures, fes nourriffages, tous fes travaux. Dès-lors le jeu de la machine politique n'augmente plus. L'Etat demeure

bien en deçà du degré de puiſſance &
de proſpérité où il peut parvenir.

L E Gouvernement vient au ſecours
de la ſociété. Il entreprend des ouvrages publics qui, requérant beaucoup
de bras, font naître une multitude de
conſommateurs utiles. Il pourvoit à la
ſureté des frontieres, en fortifiant les
lieux convenables ſuivant la meſure
des connoiſſances dont il peut faire
uſage. Il s'occupe de faciliter les communications, en conſtruiſant des chemins, des canaux. Il éleve de vaſtes
édifices où l'utilité le demande. Il forme
des établiſſemens néceſſaires au bien
commun.

C H A Q U E chef de famille eſt impoſé,
ſelon les terres qu'il poſſede, pour ſa
cote part dans la contribution générale
à la dépenſe qu'entraîne l'exécution de
ces projets. L'eſpérance des fruits, que
ces dépenſes bien dirigées doivent rap-

porter, empêche le laboureur de regretter ce qu'il lui en coûte. Il continue avec ardeur ſes opérations rurales.
Il augmente ſes défrichemens.

MAIS enfin les canaux, les chemins, les fortifications, les édifices,
les établiſſemens publics, tous ces objets ont des bornes. D'ailleurs on ſuppoſe ces entrepriſes conçues avec ſageſſe, exécutées avec économie, ſans
quoi, loin d'être un aiguillon à l'émulation, elles l'étoufferoient entierement,
en ne laiſſant plus voir les impoſitions
qu'elles occaſionneroient, que comme
des ſpoliations. Car, on l'a dit, il n'eſt
point dans le caractere de l'homme de ſe
livrer au travail, dès qu'il imagine que
ſes peines ne tourneront point à ſon
profit.

SI ces entrepriſes ont été ſagement
conçues & ſagement conduites, dès-
lors on voit éclater les bons effets qu'on

s'en promettoit. Le travail, à l'abri de toute incurfion de la part des étrangers par la fureté établie fur les frontieres, n'eft nulle part interrompu. La facilité du tranfport multiplie les débouchés. Elle augmente la confommation, en facilitant les échanges. Qu'arrive-t-il? La production étant par-là vivement encouragée, on éprouve de nouveau une abondance exceffive qui embarraffe. L'ardeur diminue; & par une fuite du principe inconteftable que les hommes n'aiment point à fe fatiguer fans dédommagement, l'on refferre la production dans les bornes de la confommation.

LES befoins naturels de l'homme confommant moins que fon travail ne peut produire, & l'impulfion donnée par les entreprife de l'Etat ceffant avec l'achevement de ces entreprifes; voilà donc, fi d'autres refforts ne foutiennent point l'activité, les progrès de l'Etat arrêtés pour toujours, quoique fes progrès puiffent être portés beaucoup plus loin.

L'ETAT devroit même en peu de tems defcendre du point où l'exécution de tant de travaux l'avoit élevé. Car, les ouvrages entrepris étant achevés, les confommations de tous genres qu'exigeoit leur confection, ceffent auffitôt; & comme il n'y auroit plus lieu à employer le même nombre d'hommes ni la même quantité de matieres, le Gouvernement n'auroit plus de motifs pour continuer les mêmes impofitions. Il les fupprimeroit. Il ne pourroit les continuer fans porter les fujets au foulevement ou au découragement. Ainfi chaque cultivateur réduiroit fes opérations en proportion de la remife qui lui feroit faite. La production par-là devenant moindre, la population déchéroit pareillement.

MAIS au milieu des mouvemens
d'un grand peuple occupé fans cefse, la
liberté la plus pleine laifsée à l'induftrie
du travailleur & à la fantaifie du confommateur ; l'affurance la plus folide
donnée à la propriété du fonds & du
revenu ont produit leurs fruits naturels.
L'efprit s'eft développé. Les arts fe font
multipliés : ils ont animé tous les goûts.
Par-là ayant ouvert un débit fans bornes, ils ont donné lieu au travail de ne
fe pas borner , & de porter jufqu'au
dernier terme la profpérité de l'Empire,
qui, affife fur ce fondement , eft déformais immuable : fi la conftitution du
Gouvernement n'a pas des vices capables de l'altérer.

LES arts, foit utiles, foit frivoles,
créent fans relâche des jouiffances variées qui ne durent pas toujours , &
dont la plûpart ceffent prefque en même tems qu'on les paie. Ces jouiffances

sont telles que le desir qu'elles inspirent se renouvelle aussitôt qu'elles finissent. Elles deviennent une sorte de besoin qu'on satisfait avec empressement : parce que flattant les sens ou l'esprit, apportant mille agrémens, mille commodités dans la vie, elles rendent l'exiftence plus douce ; & comme les chofes qui procurent ces agrémens, ces commodités, s'usent à mesure que l'on jouit, on est contraint, pour continuer de jouir, de se mettre en état par le travail de les acquérir de nouveau.

DE-LA une émulation toujours soutenue ; de-là une abondante production de subftances & de formes ; de-là une nombreuse population. L'enchaînement de ces effets amene l'opulence, la force, en un mot, la félicité durable d'un Empire. Ces effets ont toujours lieu lorsque l'action du Gouvernement n'en interrompt point le développement fucceffif.

L'OPULENCE réfulte de cet enchaînement d'effets par la quantité de matieres qu'il fait naître ; la force , par cette même quantité de matieres , par le nombre d'hommes que cette quantité de matieres peut maintenir , enfin par les arts & par les connoiſſances que tant d'hommes poſſedent. Les arts, les connoiſſances augmentent preſque à l'infini les ſervices que l'on tire des hommes & des choſes ; & s'appliquant également aux travaux de la guerre & aux douceurs qu'on recherche dans la paix, ils font le bonheur d'un peuple, en même tems qu'ils en font la puiſſance.

QU'ON admette la marche qui vient d'être décrite (on ne peut raiſonnablement la rejetter), il s'enſuit néceſſairement que l'Empire que nous ſuppoſons, doit ſa proſpérité à la pratique de la maxime qu'il faut laiſſer à l'induſtrie du travailleur tout ſon eſſor, & à la fantaiſie du conſommateur une entiere liberté de ſe ſatisfaire.

CETTE maxime n'admet aucune exception par rapport aux objets de production nationale. Elle s'étend pareillement aux objets de production étrangere, toutes les fois qu'ils ont une utilité réelle que l'on ne peut par aucune induſtrie tirer des productions de ſon propre territoire; & l'on ne doit établir de reſtrictions qu'après beaucoup d'examen à l'égard même des choſes frivoles qui viennent du dehors.

LES jouiſſances diverſes, que cette liberté procure, ſont bien éloignées d'être de néceſſité, même lorſqu'elles conſiſtent en des commodités réelles; encore moins lorſqu'elles conſiſtent en de ſimples agrémens ou en des ſatisfactions de pur caprice. La nature de l'homme les comporte; mais elle n'en a pas beſoin. Ces jouiſſances ſont du Luxe. Le goût du Luxe eſt donc un reſſort eſſentiel, ſans lequel un grand Empire ne peut jouir d'une proſpérité complette

& durable. Par conféquent ce goût
ne doit être en aucune maniere répri-
mé : tant qu'il n'a pour objet que des
chofes nationales ; & ne doit être re-
ftraint qu'avec la plus grande circonf-
pection : lorfqu'il a pour objet des chofes
de production étrangere.

CHAPITRE III.

L'HOMME est constitué de maniere à pouvoir subsister des productions spontanées de la terre. Cependant le goût du Luxe est de l'essence de l'homme. Sans ce goût les sociétés ne fleuriroient & n'existeroient même pas. Développement de cette vérité.

CE que nous appellons aujourd'hui l'étroit nécessaire est composé de beaucoup de superflu, que nous regardons comme indispensable par l'habitude d'en user. Si l'homme eût voulu se réduire au simple soutien de son corps, la nature ne l'a pas plus maltraité que les brutes. Il eût vécu comme elles des productions spontanées de la terre. Il existe encore, au rapport des voyageurs, dans les déserts de l'Afrique & de l'Amérique, quelques petites hordes d'humains qui, sans prévoyance,

fans vêtemens, fans habitations, fubfiftent comme les oiſeaux du ciel par
le bienfait de la Providence. Les Negres de la Guinée, pluſieurs Peuples
du nouveau Monde, peu éloignés de
ce premier Etat, offrent une preuve
fenſible que, ſi le concours des arts eſt
néceſſaire pour la grande multiplication
des individus, ce même concours eſt
inutile pour la conſervation de l'eſpece.

Le goût du luxe eſt néanmoins de
l'eſſence de l'homme. Son intelligence
lui dicte de chercher ſon bien être. Eh!
à quel autre uſage pourroit-il vouloir
appliquer ſon intelligence! Sans l'idée
d'améliorer ſa ſituation il ne ſe donneroit pas la peine de penſer. Ce ſeroit
en pure perte qu'il auroit reçu le don
de l'entendement. Il languiroit dans
l'engourdiſſement, occupé momentané-
ment du beſoin qui le preſſeroit; & cet
être, deſtiné par la nature à s'unir avec
ſes ſemblables pour coopérer avec elle

à l'embellissement de la terre , traîne-
roit ses jours solitairement , confondu
dans les forêts avec le reste des animaux.

LES vues de la création sont assurées par des mesures infaillibles. Elles
s'effectuent immanquablement. Si l'hon-
me , quoiqu'abandonné à lui-même au
milieu de circonstances défavorables
qui affoiblissent ou qui arrêtent l'essor
de son esprit , est encore en état d'entretenir sa vie , sans autre soin que celui
d'aller chercher les subsistances répan-
dues autour de lui ; c'est l'effet des
soins prévoyans de la Sagesse éternelle ,
qui a voulu pourvoir , contre tout événement , à la conservation de l'espece
humaine. Mais , si d'un côté la faculté
de subsister des dons spontanés de la
terre peut lui suggérer l'idée de rester
dans la solitude , d'un autre côté l'Auteur de tout ce qui respire ne lui a pas
laissé la liberté de se soustraire à sa vraie

deſtination. L'intelligence active &
la perfectibilité dont l'homme eſt doué,
ne lui permettent pas de ſe renfermer
dans la ſphere étroite de l'abſolu néceſſaire. Il ne dépend point de lui de
ne pas vouloir ſes avantages : lorſqu'il
apperçoit le moyen de ſe les procurer. Ses premiers eſſais lui ont fait
ſentir le beſoin de ſe réunir avec d'autres hommes : ainſi les ſociétés ſe ſont
formées.

COMME le goût du ſuperflu, ou
ſi l'on veut d'une vie plus commode
que la nature ne la donne, eſt le
mobile qui a formé les ſociétés ; il en
eſt l'ame & le ſoutien. Plus ce goût
eſt vif, plus les hommes s'évertuent
pour tirer parti d'eux-mêmes & des
choſes qui les environnent. L'eſprit
s'aiguiſe. Les moyens de chaque individu augmentent ; & ce ſont les moyens
des particuliers qui font le nerf du corps
national.

QUELLE

QUELLE force auroit une société de Sauvages nuds, reposant sous des halliers, vivant au jour le jour de chasse & de fruits agrestes, changeant de demeure à mesure qu'ils épuisent un canton, ne possédant rien au-delà de leur corps qu'un arc, des fleches, un casse-tête, & n'ayant que le tems de vaquer à la recherche de leur subsistance?

UNE pareille société ne peut même avoir l'avantage d'être nombreuse. Car la façon de vivre des individus, qui la composent, exige un grand terrein. Or, indépendamment de ce que la fatigue & la disette de nourriture, que l'on éprouve presque continuellement dans ce genre de vie, s'opposent naturellement à la population, il est sensible que, si les familles grossissent, elles sont contraintes de se séparer à de grandes distances pour trouver leurs provisions; & que, bientôt devenues ennemies par leur concurrence fur un objet auffi effentiel que la fubfiftance , elles s'entre - détruifent avec acharnement. C'eft le tableau que nous préfente l'hiftoire du nouveau Monde.

CEPENDANT le Sauvage qui fe fert d'un arc fort déja des premieres limites de la nature. Cet inftrument eft une commodité par laquelle il étend fon pouvoir primitif, & facilite l'exécution de fes deffeins. C'eft une efpece de luxe. Ce Sauvage , par fa feule perfonne, fuffifoit à fes befoins avant qu'il eût un arc. Celui, qui emploie une voiture bien fufpendue pour fe tranfporter fans fatigue où fes affaires l'appellent, fait une chofe du même genre que celui qui emploie une arme pour atteindre fa proie , fans fe donner la peine de courir après.

LES feules fociétés d'hommes en Amérique , qui méritent par leur nombre le nom de nations , font celles qui

ont quitté la chasse pour cultiver ; ou
qui ont joint à la chasse au-moins des
commencemens de culture ; qui se sont
fait une habitation fixe , & qui prati-
quent quelques arts ; c'est-à-dire , qui
se sont occupées de rendre leur vie plus
douce , plus agréable. Ces nations
ont détruit ou repoussé au loin les Sauvages ambulans qui les environnoient.
Les Iroquois en fournissent un exemple assez remarquable. Cette nation
n'étoit qu'une petite horde vagabonde
lors de la premiere découverte du
Canada, par Jacques Cartier, en 1534.
Depuis qu'elle s'est adonnée à cultiver
quelques champs de maïs , elle est ve-
nue à bout d'exterminer à deux cens
lieues autour d'elle tous les Sauvages
qui n'étoient que chasseurs.

LES Iroquois ont vu leur population
& leur pouvoir s'accroître à mesure que,
par leur communication avec les Européens , ils ont pris plus de connoissan-

ce des arts , & plus de goût pour les
commodités de la vie.

LES effets du goût d'une vie commode , agréable, fur la puiffance d'une
nation, fe font fentir d'eux-mêmes quand
on veut bien y réfléchir.

DÈS qu'une fois une fociété de
quelques hommes , las d'errer & de
n'avoir d'autres retraites que des repai-
res formés par des buiffons, imagine de
fe conftruire des cabanes pour mieux
fe défendre des injures du tems , &
fixe par conféquent fon féjour ; on voit
que de cette premiere idée de commodités il doit en éclorre mille autres. Le
même penchant, qui a produit la premiere , porte à les faifir toutes. Comme
on peut ferrer , on veut amaffer des
provifions. On multiplie autour de la
cabane les grains , les plantes propres à
fervir d'alimens. On éleve diverfes fortes d'animaux qui fecondent l'homme
dans fes travaux , & dont il fe nourrit.

En cet état les subsistances abondent. Les hommes sont plus sédentaires : ils ont du loisir : ils communiquent beaucoup ensemble. Ils se donnent mutuellement des idées ; & ce qu'ils possedent déjà leur fournit le moyen d'exécuter leurs idées. Les familles augmentent par une suite de leur aisance. Comme le territoire ne leur manque point, la société s'accroît incessamment. Chacun, toujours animé par cet instinct, enfant de la raison, qui nous porte à chercher notre bien-être, applique son génie à faciliter ses travaux. Les découvertes de quelques-uns tournent au profit de tous. A l'aide de ces inventions, le travail d'un petit nombre d'hommes suffit aux premiers besoins d'un tres-grand nombre.

Ces hommes, inutiles aux travaux de la terre, ne veulent pas s'écarter pour chercher de nouvelles terres à défricher. Attachés par l'amour que tout ce qui refpire éprouve pour le lieu de fa naiffance ; attachés par les liens de l'amitié , de la parenté , de l'habitude , ils reftent au milieu de leurs freres ; & ils cherchent dans leur propre induf- trie les moyens de payer leur fubfif- tance.

CES nouvelles productions augmen- tent le luxe ; & le luxe à fon tour les augmente. La population fe foutient par fon influence , & s'accroît. La culture s'étend ; les arts font encouragés.

CETTE fociété , d'abord foible & vraiment miférable , préfentement un peuple nombreux , jouit d'une vie dou- ce , paifible , ·abondante. Chaque fa- mille tranquille près de fes foyers , ac- quiert , au prix d'un travail modéré , de quoi fatisfaire à fes befoins avec une forte de délicateffe ; & peut encore con- facrer des jours entiers au repos & à la récréation. Au milieu de la profpérité générale , quelques particuliers plus ac-

tifs, plus intelligens que les autres,
ou seulement plus favorisés par les circonstances, accumulent de grandes
richesses. Les salaires, qu'ils sont en
état de donner, excitent l'émulation des
classes industrieuses. On invente, on
perfectionne pour eux. Ils profitent
de ces recherches & vivent dans les
délices.

LEUR bonheur ne se concentre point
en eux. Les inventions, qu'ils ont payées
cherement, deviennent des pratiques
communes. Toute la société s'en ressent
par dégrés. Les arts, qui naissent ou
se perfectionnent à la faveur des dépenses que les grosses fortunes permettent
de faire, décuplent les forces de l'Etat
en fournissant des méthodes, des instrumens, des machines, des inventions de
toute espece. Car les satisfactions du
luxe s'operent par le concours d'une infinité de métiers divers, dont l'usage
s'applique au nécessaire comme à

l'agréable. Telle pratique, qui n'a eu dans son origine que l'amusement pour objet, est employée ensuite comme moyen dans une entreprise sérieuse. Les arts empruntent les uns des autres, & s'éclairent mutuellement. L'art de la guerre, par exemple, profite de presque tous les arts de la paix. La Danse a donné l'idée de faire marcher les soldats en cadence, pour assurer leur ensemble. La Musique & les instrumens, d'abord inventés pour les fêtes & pour le plaisir, servent depuis long-tems pour animer le courage des troupes & pour régler leurs mouvemens.

Une nation, qui, se bornant aux premiers présens de la nature, vit nue, sans retraite fixe, sans culture, reste à jamais, tant qu'elle existe, dans le même état de foiblesse, d'indigence & de stupidité. Une nation, qui, plus active, s'industrie pour améliorer sa situation, ne cesse de croître en force, opulence, en lumieres : tant que des causes morales n'arrêtent point ses progrès. Tel est l'ordre physique , ordre facile à comprendre. La terre ne refuse ses trésors à aucun de ses enfans. Il ne s'agit que de les découvrir. Celui, qui les recherche avec un travail plus assidu, en profite davantage que celui qui ne fait aucun effort. Les Sauvages , qui, par indolence ou par d'autres raisons indifférentes à la question présente , ne sortent pas de l'état primitif , consomment chaque jour le fruit de la peine qu'ils se donnent chaque jour. Au bout d'une longue vie ils sont aussi dépourvus qu'au moment de leur naissance. En continuant de cette maniere, les siecles s'écouleront vainement pour leur race. Elle sera toujours telle qu'aux premiers jours du monde ; c'est-à-dire, très-misérable. Au contraire, les hommes , qui employent leur génie à trouver le moyen d'approprier à leur usage les choses qui les environnent, se procurent chaque jour , pour ainsi dire , des biens nouveaux , durables & qui s'accumulent. Ils deviennent nécessairement riches & puissans.

N'est-il pas évident que cette différence d'état entre les nations sauvages & les nations civilisées n'a d'autre cause que le desir d'ajouter aux jouissances que la nature donne d'elle-même ? Cette observation fournit un raisonnement tout simple.

L'idée de se construire une maison bien fermée , l'idée de cultiver des plantes nutritives , sont des recherches conseillées par cet instinct qui porte l'homme à profiter de son génie , en l'employant à se procurer des commodités. De ces premieres idées ont découlé mille autres idées par une suite du même principe. Toutes ensemble ont produit la formation des grandes sociétés , & leur puissance. Or , les choses d'un même genre participent des mêmes qualités , & les mêmes qualités ont les mêmes effets. Donc , dès que l'idée de se construire une maison , l'idée de cultiver des plantes nutritives , sont des recherches de luxe relativement à l'état primitif où la nature nous place ; & que le bonheur & la puissance des peuples ont été les suites de ces idées mises en pratique , il faut conclure que le même goût qui a donné ces idées , en s'étendant à plus d'objets , avance de plus en plus la prospérité d'une nation.

EN effet , les lambris dorés , les bronzes , les porcelaines , ne sont pas plus des choses de luxe que des souliers. En Pologne , en Hongrie , les paysans ne portent point ordinairement de chaussure. Elle est pour eux de pure cérémonie, comme les gands blancs parmi nous. Les hommes & les femmes font de longs voyages nuds pieds dans les saisons mêmes où il y a de la neige sur la terre. Tout est relatif. Des souliers , pour une perſonne qui n'eſt pas dans l'habitude de porter de chauſſure, ſont une ſuperfluité très-embarraſſante. Un vaſe précieux ſur la cheminée d'un cabinet eſt une ſuperfluité agréable. Les ornemens , dont les riches embelliſ-ſent leur demeure , leurs habits , leurs uſtenſiles , ſont moins des ſuperfluités pour eux que la richeſſe , qu'ils y em-ploient, ne le ſeroit, s'ils n'avoient pas d'autres uſages à en faire.

L E s choſes, que nous appellons com-modes , utiles , le ſont réellement. Cependant notre nature les demande ſi peu , quoiqu'elle s'en accommode très-bien lorſqu'elle y eſt accoutumée , que le premier uſage d'un grand nom-bre de ces choſes répugne à l'homme. Les Sauvages, qui eſſayent des habits par complaiſance ou par curioſité, ſe hâtent de s'en dépouiller. Les vête-mens les gênent. Ils cedent à l'incom-modité qu'ils en reſſentent , avant d'a-

voir eu le tems d'en connoître l'utilité.
Un besoin, que l'on a contracté par la
facilité des premieres jouissances, engen-
dre d'autres besoins, auxquels on ne
s'assujettit d'abord qu'avec peine, & qui
deviennent ensuite des habitudes impé-
rieuses. C'est ainsi qu'aux nécessités primitives, auxquelles la nature nous a
soumis, nous avons ajouté mille nécessités
secondaires presque également urgentes.
Ces besoins réels, quoique factices, nous
font avec raison distinguer les choses,
& les appeller utiles ou superflues, selon
le rapport qu'elles ont avec nos besoins.
Mais remontons aux tems où la terre
entiere étoit le domaine de chaque
homme ; & nous verrons que les choses,
que nous rangeons aujourd'hui avec le
plus de fondement dans la classe des
choses utiles, ne sont véritablement que
des choses superflues. Un arc, qui paroît si nécessaire au Sauvage, est, rigou-
reusement parlant, tout aussi superflu
qu'un sopha. Combien l'espece humaine

n'a-t-elle pas fubfifté de fiécles avant l'invention de l'arc, avant toutes fortes d'inventions !

LES inventions des hommes n'ont jamais eu & n'auront jamais pour objet que la commodité ou l'agrément. L'Etre des êtres a pourvu au néceffaire. Dès que de toute éternité le néceffaire nous eft donné, l'utile, que nous y ajoutons, n'eft plus que le commode.

ON conviendra que le commode & l'agréable font de la même cathégorie. Tous deux font des recherches de fenfualité, de bien-être, de pur Luxe. Celui, qui, ne fe trouvant pas bien couché fur la dure, imagina le premier de treffer une natte de joncs pour y prendre fon repos, confulta fa délicateffe, autant que celui qui depuis s'eft compofé un lit de duvet. Ils ont chacun fait ufage des matieres qui étoient à leur portée. Seulement les circonftances n'ont pas permis à l'un autant

qu'à l'autre de remplir fi bien fon objet.

Si donc les inventions utiles & les
inventions agréables partent du même
principe, & ne donnent toutes à l'homme
qu'un vrai fuperflu ; fi néanmoins celles
de ces inventions qu'on nomme utiles,
ont évidemment produit le bien des fociétés : quoique, dans l'origine, ces mêmes inventions n'ayent eu pour objet
que la commodité ou l'agrément; il eft
à préfumer que les inventions, dont les
fruits n'offrent point d'utilité fenfible,
pour parler notre langage actuel, mais
feulement de l'agrément ou de la commodité, ont auffi contribué, pour leur
part, au bien des fociétés.

L'utilité ou la fuperfluité des
chofes que les particuliers recherchent
au-delà du néceffaire, pour leur ufage
& leur confommation, ne doit aucune-
ment entrer en confidération, quand il
s'agit d'apprécier, par rapport à la prof-

périté d'une nation, les effets des dépenfes que tous ces objets fuppofent.

CELUI, qui veut avoir le bijou le
plus frivole ou le meuble le plus utile,
ne peut acquérir l'un ou l'autre que
par fon travail, ou en payant le travail
d'un ouvrier. S'il travaille lui-même la
chofe, foit utile foit frivole, qu'il veut
avoir, il doit être précédemment pourvû
de fa fubfiftance & des autres befoins.
S'il emprunte la main d'un autre, il doit
pourvoir de fon côté à la fubfiftance &
au refte des befoins de cet autre, ou lui
donner un équivalent au prorata du
tems que la chofe exige. Dans les deux
cas, il n'y a d'employés que du tems
& des foins qui ne font point fouftraits
au néceffaire. Les deux hahitans font
entretenus : les charges de l'Etat font
acquittées ; le produit de ce travail,
foit dans un genre foit dans l'autre,
augmente également la maffe des richeffes nationales. Les fuperfluités ont

un

un prix comme les chofes utiles.

BIEN plus: dans l'état actuel il réſulte preſque toujours d'un ouvrage frivole qu'un homme, qui n'auroit pas eu de quoi exiſter, exiſte; & qu'un autre homme a une jouiſſance qu'il n'auroit pas eue. Il réſulte encore du débit de cette bagatelle que l'ouvrier, qui l'a fabriquée, a les mains exercées; & qu'il a un talent qui d'un jour à l'autre peut être appliqué plus utilement. Le Bimblottier, qui fait des poupées de carton, fera demain, ſi l'on veut, des étuis, des boëtes de même matiere. Il la ſçait employer.

SUPPOSONS les ſuperfluités défendues ou ignorées; & ſuppoſons, ce qui eſt aujourd'hui bien éloigné de la réalité, que chacun ait la liberté de tirer de la terre ſes beſoins. Alors l'homme actif, qui, par le produit de ſon travail, ſeroit en état de ſe procurer des ſuperfluités, & qui n'eſt pas tenté d'autre choſe, ne fçachant que faire du fruit de fes peines, ne travaille plus tant. Celui, qui fe feroit adonné à fabriquer les fuperfluités, cultive pour obtenir fa fubfiftance, & ne va pas au-delà. Voilà donc deux habitans feulement entretenus comme dans l'hypothèfe contraire. L'Etat a de moins une place dans l'agriculture, & la valeur des fuperfluités qui auroient été fabriquées.

IL en eft de même des fatisfactions que l'on tire des chofes non-matérielles: telles que la danfe, la mufique, les fpectacles, &c. Supprimez ces plaifirs : les hommes, qui y font employés, cultivent la terre; ceux, qui les employoient, cultivent moins. Il n'y a ni plus d'hommes ni plus de produits; & la fociété a moins d'arts & de jouiffances.

LE Gouvernement peut en bien des cas occuper le tems & l'induftrie de fes fujets d'une maniere plus avantageufe à l'Etat, que quand leur tems & leur induftrie font employés à travailler des

superfluités. Mais quand le Gouvernement n'a pas d'emploi à en faire où
quand il n'en fait pas, les particuliers,
sans concert entre eux, par conséquent
sans grand pouvoir, n'ont à songer qu'à
leur satisfaction, après qu'ils ont vacqué
à leurs affaires essentielles. Quel que
soit l'objet de leur satisfaction, s'il est
pris sur-tout parmi des choses nationales, leur goût ne peut que tourner à
l'avantage de la nation ; puisque l'objet
de leur goût ne peut être acquis que par
le travail.

LE travail est, pour ainsi dire, un
second créateur. Sans la forme qu'il
donne aux matieres, presque toute l'im-
mensité des productions de la terre seroit perdue pour nous. Environnés de
mille biens possibles, nous traînerions
nos jours dans le dénuement le plus
entier.

POUR qu'une nation ait des jouissances multiples, pour qu'elle soit ri-

che, puiſſante ; en un mot, pour qu'elle
proſpere , il faut qu'elle travaille
beaucoup. Il s'agit donc de la rendre
laborieuſe , induſtrieuſe. Il n'importe
quel eſt l'objet du deſir qui l'aiguillonne.
Elle ne ſe procure des frivolités que par
des travaux utiles qui augmentent ſon
pouvoir. Elle n'aura des muſiciens, des
ſaltimbanques, des ouvriers en bagatelles, qu'en ſe mettant en état de les
entretenir. Les denrées produites pour
ces objets, n'en exiſtent pas moins,
quoique produites pour des objets frivoles. Les hommes, entretenus pour
ces mêmes objets, exiſtent auſſi. On
diſpoſe différemment & de ces hommes & de ces denrées, s'il ſurvient une
circonſtance qui l'exige. On applique
alors au beſoin ce que l'on donnoit à l'a-
grément. On eût été dépourvu, ſans
les reſſources qu'on s'étoit préparées,
en ne croyant travailler que pour le
plaiſir.

CET avantage de ménager, ſans que

personne y pense, une réserve d'hommes & de choses disponibles, qui suit toujours le goût des dépenses même porté vers les superfluités les plus vaines, n'est pas le seul qui l'accompagne. L'occupation, que ce goût fournit dans beaucoup de genres variés, fait qu'il s'éleve une infinité d'hommes qui ne naîtroient point sans cela. Elle fait encore que les facultés de l'esprit & du corps sont plus connues; qu'on sçait mieux tout ce qu'on peut entreprendre; & que les entreprises appuyées par les secours d'un plus grand nombre d'arts différens, sont plus assurées du succès. Le goût des dépenses, encourageant au travail, multiplie inévitablement les biens & les moyens de chaque particulier. Dès-lors, indépendamment de ce que la société en a plus de force, les charges, que les besoins publics imposent, deviennent plus légeres. Si le contingent de chaque chef de famille doit être 10, pour obtenir la masse nécessaire aux dépenses de l'Etat, fa contribution lui pefe moins, lorfqu'il poffede 60, que lorfqu'il poffede feulement 30.

Loin donc de déclamer contre le Luxe, loin de lui imputer la décadence des Empires par fes feuls effets phyfiques, comme quelques Auteurs l'ont fait, on doit conclure, d'après les prémiffes qu'on vient d'établir, que, nonfeulement le goût, qui crée le Luxe, & que le Luxe étendà fon tour, a donné l'être aux fociétés; mais encore qu'il produit leur puiffance & leur bonheur. Otez ce reffort, la fociété fe diffoudra. Reftraignez fon intenfité dans une certaine proportion; la fociété perdra de fa force & de fon bonheur dans la même proportion. Car en fait de nation, le bonheur & le pouvoir font tellement liés qu'on ne trouvera pas une nation foible, eu égard à fon territoire, qui foit heureufe. On explique aifément cela. Le bonheur d'un peuple & fa

puiffance viennent de la même fource,
& ne peuvent exifter que conjointement. L'abondance des denrées, la
faculté de dépenfer, l'opulence en un
mot & la pratique des arts, les produifent l'un & l'autre inféparablement.

CHAPITRE IV.

LE *bonheur porte sur des bases positives,*
& ne dépend point de l'opinion. Il con-
siste dans l'étendue des jouissances. Le
bonheur d'une nation n'existe que par le
bonheur des individus qui la composent.
Plus les individus acquièrent de moyens
de jouir, plus ils sont à portée d'être
heureux, & plus l'Etat dont ils sont
partie, acquiert de richesses, de moyens
de toute sorte; en un mot de puissance.
Par une conséquence nécessaire, la ma-
xime la plus sacrée d'un bon gouverne-
ment doit être de favoriser tout ce qui
tend à multiplier les jouissances de ses
sujets; non-seulement parce que leur bon-
heur en dépend, & que le gouvernement
doit tendre à leur plus grand bonheur :
mais encore parce que tout ce qui au-
gmente le bonheur des sujets augmente
la puissance de l'Etat.

QUOIQUE des Philosophes célèbres
ayent pensé que c'étoit être heureux,

que de croire l'être ; on ne peut difcon-
venir que le bonheur n'ait des fondemens pofitifs qui ne dépendent pas de
l'imagination. Un infortuné, qui manque le plus fouvent du néceffaire , &
qu'une pauvreté continuée réduit à vivre
avec la lie du peuple, quoique appellé
par fa naiffance ou par fes talens à jouir
d'un meilleur fort , peut, s'il a de la
force d'efprit, foutenir fa mifere fans
chagrin. Il diminue fes peines par fa ré-
fignation ; & il eft encore capable de
goûter quelques momens de plaifir.
Mais un homme dans cette fituation ne
peut s'eftimer heureux fans un véritable aveuglement qui vient tout-à-la-
fois de défaut de jugement & de baf-
feffe dans les inclinations. Lorfque le
froid le morfond ; lorfqu'il fe voit éloigné de tout ce qui flatte les fens, & re-
buté des gens mieux placés que lui, il
fouffre , quelque illufion qu'il fe faffe.
Si, malgré la détreffe & les mortifica-
tions inféparables d'une pofition fi trifte,

il arrivoit, comme il y en a des exemples,
qu'il refusât les moyens d'en sortir, parce qu'il en coûteroit à sa pareffe, à son
éloignement pour toute sujettion, il ne
faudroit pas, en induifant de-là que l'é-
tat pitoyable qu'il préfere eft apparemment le meilleur pour lui ; il ne faudroit
pas, dis-je, en conclurre qu'il eft heureux à sa maniere ; mais plûtôt qu'il eft
né avec l'incapacité d'être heureux.

PRÉTENDRE que le bonheur confifte
uniquement dans l'opinion : c'eft renou-
veller l'impaffibilité des difciples de
Zénon. Un homme heureux de cette
maniere, l'eft, comme on ne l'eft point.
Sa félicité eft une énigme comme celle
du Sage des Stoïciens. On emprifonne
celui-ci : il ne perd point pour cela sa
liberté. On l'applique à la torture : il
n'éprouve point de douleur. On le
brûle : il ne fent point de mal. De même l'homme, qui fe croit heureux, manque de pain, de vêtemens, d'afyle, &

n'en est pas moins heureux. *De pareil-les idées*, dit Plutarque, *sont moins re-cevables*, *que les fables des Poëtes. Car, les fables n'abandonnent jamais Hercules en nécessité de vivres.* Les prodiges les plus extraordinaires sont plus admissibles que le bonheur au sein de la disette.

« Un homme vit de pain & d'eau,
» couche sur la dure, possede à peine
» de quoi se couvrir ; s'il est content de
» son sort, n'est-il pas heureux » ? Ad-mettons qu'il soit en effet content. S'il l'est, parce qu'il ne peut pas changer sa situation ; il fait de nécessité vertu. Il est sage. Pour heureux, il ne l'est pas. Il est moins malheureux qu'il ne le seroit, s'il s'abandonnoit à la tristesse. Voulez-vous vous convaincre qu'il manque mille choses à son bonheur ? Enrichissez-le. Vous verrez, que de lui-même il éten-dra par degrés ses jouissances jusqu'au terme de ses nouveaux moyens.

Le bonheur, ainſi que le malheur, ſe compoſe des impreſſions que les ſens reçoivent, & des affections que l'ame éproûve indépendamment des ſens. Les affections de l'ame, indépendantes des ſens, exiſtent, pour la plus grande partie, par des cauſes, qui, reſſortiſſant abſolument de l'imagination, n'ont nulles bornes; & ſont par-là plus multipliées, plus durables, plus vives, que les affections des ſens, qui, venant entierement du phyſique, ſont renfermées dans les effets poſitifs de l'organiſation.

Il arrive ſouvent, par cette raiſon, que, dans une condition, telle en apparence qu'on peut la ſouhaiter, on ne laiſſe pas d'avoir des peines intérieures qui troublent la vie. La ſenſibilité morale augmente ordinairement en raiſon de la proſpérité dont on jouit. De là vient que les perſonnes, qui ont le plus en abondance tout ce qui comble les jouiſſances des ſens , tout ce qui paroît fait pour contenter l'ame , ſont celles qui reſſentent quelquefois le plus d'amertume.

D'UN autre côté , on voit quelquefois des gens plongés dans une grande pauvreté qui ont l'air d'être heureux dans leur condition , quoiqu'ils ne puiſſent s'y trouver bien que de propos délibéré , pour ainſi dire. On eſt frappé d'un pareil contraſte ; & , comme la différence , que l'on remarque dans l'état intérieur de perſonnes de fortune ſi différente , procede de la diſpoſition de leur eſprit , on s'eſt perſuadé que le bonheur naiſſoit de l'opinion ; & l'on a dit : c'eſt être heureux que de croire l'être.

UN léger examen ſuffira pour ſe convaincre de la fauſſeté de cette conſéquence. Il eſt bien ſûr que les gens plongés dans la pauvreté ne ſont con-

tents & joyeux que par intervalles ;
dans les momens où ils font à-peu-près
affurés de fatisfaire les befoins, urgens
de la vie, ou lorfque ces befoins font
fatisfaits. L'unique objet, auquel les
gens de cette efpece font fenfibles &
qui les occupe, eft de fe procurer la
fubfiftance ? tout le refte eft fi loin
de leur portée, ou d'un intérêt fi in-
férieur pour eux, qu'ils n'y penfent pas.
Lorfqu'ils ont l'efpérance de ne pas manquer de pain, ils éprouvent du, con-
tentement. S'ils font gais dans cette
pofition, leur fatisfaction n'eft pas l'effet d'une opinion gratuite. Ils font alors
à l'abri du feul malheur qu'ils craignent, qui eft celui de fouffrir la
faim.

À l'égard des perfonnes placées dans
l'abondance, qui fe rendent malheu-
reufes en s'affectant de certaines chofes plus qu'elles ne le devroient, leur
malheur vient en effet de leur imagina-

tion. Cependant, quoiqu'il soit vrai
que le malheur de ces personnes ait sa
source dans leur opinion, puisqu'elles
ont tout ce qui crée naturellement
le bonheur, il n'en est pas moins faux
que les prestiges de l'opinion puissent
suppléer les choses qui produisent un
bonheur réel, comme ils peuvent altérer
un bonheur réel.

QUE l'on s'exalte l'imagination au
plus haut point, on ne satisfait par-là
aucun besoin du corps : on ne se procure par-là aucune des jouissances qui
nous viennent des objets placés hors
de nous. L'Empire de l'opinion n'em-
piete pas jusques-là sur celui de la
nature.

LES affections de l'ame, lorsqu'elles sont fâcheuses, portent sans doute
atteinte au bonheur, quelles que soient
les impressions que les sens reçoivent.
Mais il est encore plus sûr qu'il n'existe
pas de bonheur, quand les impressions

que les sens reçoivent sont pénibles, quelles que soient d'ailleurs les affections de l'ame. Les chimeres de l'esprit, la tournure du caractere dénaturent aisément un bien-être moral, & corrompent même un bonheur physique. Mais nulle illusion, nulle trempe d'ame n'a le pouvoir de changer en bonheur un malheur physique. C'est un triste appanage de l'humanité que les hommes, par l'égarement de leur esprit, soient capables de se refuser à leur bonheur ; sans qu'ils puissent de même s'empêcher d'être malheureux, lorsqu'ils le sont physiquement.

QUELQUE ascendant que l'on accorde à l'opinion, on ne contestera point qu'au moral & sur-tout au physique, il n'y ait des situations propres par elles-mêmes à nous rendre heureux ou malheureux.

CONSIDÉRONS des personnes qui, par leur maniere d'envisager les objets,
trouvent

trouvent dans tout des fujets de fe cha-
griner ; & paffent la vie la plus trifte
quoiqu'elles foient dans une pofition où
véritablement rien ne leur manque pour
être heureufes. Suppofons qu'elles viennent à perdre leurs biens & leur fanté.
Certainement on conviendra que dans
ce cas elles feroient encore plus malheu-
reufes. Outre les peines que leur imagination leur forge, elles auroient de plus
à endurer les fouffrances de la maladie
& de la pauvreté. Ce calcul eft fimple : & cet accroiffement de malheur
ne pourroit être mis fur le compte de
l'opinion.

PAREILLEMENT: un homme fage,
incapable de donner entrée dans fon
ame à ces idées fantaftiques, deftructi-
ves du bonheur, fera heureux, s'il fe
porte bien, & fi vous le placez dans le
fein des honneurs & de l'opulence. Au
contraire, fi vous dépouillez de tout

ce même fage, fi fa fanté fe dérange entiérement, il fera malheureux; quoiqu'il
conferve fa fageffe.

VOILA des circonftances qui doivent indubitablement produire par elles-
mêmes le bonheur ou le malheur; &
qui puifent leur force dans notre organifation & dans les impreffions que
les objets extérieurs font inévitablement
fur nos fens & fur notre ame. En ad-
mettant que l'opinion foit capable d'intervertir l'effet naturel de ces circonftances, on ne fçauroit nier que l'opinion,
qui les intervertiroit, ne fût une dérai-
fon, une folie manifefte; & nul
homme fenfé ne tiendra compte d'un
bonheur ou d'un malheur établi fur une
bafe auffi variable que les idées d'un
efprit faux ou dérangé. Le fol du
Pyrée qui fe plaignoit amérement de
ce qu'on l'avoit guéri de fa folie; &
qui, à l'entendre, avoit tout perdu par
fa guérifon en perdant l'opinion qu'il

étoit riche , n'avoit pas fans doute la tête bien remife. Il ne fentoit pas que fa maladie l'expofoit au danger de voir , d'un inftant à l'autre , fes idées riantes fe convertir en des idées très-défagréables.

Il eft encore à obferver qu'un homme , comblé des dons de la fortune & de la fanté , n'eft réputé malheureux , quand il fe fait des peines d'efprit fans fujet , que par comparaifon avec le bonheur qu'il auroit fans ces peines. En effet , au milieu de fes peines mêmes , il a les jouiffances que les biens & la fanté procurent : lefquelles par leur continuité le conftituent à cet égard dans un état de bonheur plus pofitif , plus décidé que ne l'eft le malheur qui procede des peines de l'ame ; lorfqu'elles naiffent d'une fauffe appréciation des chofes , & qu'elles dépendent , à proprement parler , de la fantaifie de celui qui les reffent.

Car quoique les peines de l'ame , qui ont leur origine dans l'imagination , paroiffent communément très - cruelles ; comment fçavoir à quel point elles affectent véritablement l'ame ; à quel point elles abforbent réellement les jouiffances ordinaires de la vie? Ces fortes de peines n'ont nulle proportion avec leurs caufes. Elles varient fuivant les têtes, & dans les mêmes têtes fuivant les temps. On ne fçauroit , par rapport à leurs effets , tirer aucune conféquence des effets que produifent les peines de l'ame provoquées par de juftes raifons ; puifque les peines de l'ame qui viennent d'un travers d'efprit, n'ayant , comme on l'a dit , nulle proportion avec leurs caufes, font, dès leur naiffance , hors de toute mefure & de toute comparaifon.

Il n'eft pas fans exemple de voir des gens d'un affez mauvais jugement pour fe complaire dans la croyance qu'ils font malheureux. C'eſt une idée qui les flatte. Ils croyent trouver dans l'excès de leur affliction la preuve d'une ſenſibilité qui les diſtingue , & dont leur amour-propre s'enorgueillit. Il y en a même qui enviſagent comme une ſorte de gloire d'avoir de grandes rigueurs à reprocher au fort ; & qui acheteroient par des maux réels la ſatisfaction bizarre d'être comptés parmi les ILLUS- TRES MALHEUREUX.

Au ſurplus , quelque pouvoir qu'ait l'opinion pour engendrer des chagrins & pour troubler la vie ; comme ſes effets ſont cauſés par des illuſions , on doit ranger les peines qu'elle occaſionne dans la claſſe des tourmens d'eſprit que l'on éprouve en rêve ou dans l'agitation du délire. L'on ne doit pas plus y avoir égard , quand on raiſonne ſur les cauſes générales du bonheur & du mal- heur des hommes , que l'on ne doit donner d'attention aux pleurs amers

d'un enfant qui fe défole fans fujet, ou
à la trifteffe d'un fou, dont la caufe
n'eft point dans les objets qui l'affligent,
mais dans la maladie dont il eft atteint.

CEUX, qui font dépendre le bonheur
uniquement de la trempe de l'efprit,
de la tournure du caractere, ne voyent
qu'une face de leur objet. Ils attribuent en entier à une caufe fimplement
co-efficiente un effet qu'elle ne produit
qu'avec le concours de plufieurs autres
caufes. Le bon efprit, *mens fana*, eft
certainement néceffaire pour être heureux. Sans cette qualité tous les autres avantages deviennent nuls. On
a vu de nos jours le fils d'un traitant,
poffeffeur d'une richeffe immenfe,
mourir de chagrin, parce qu'il n'étoit
pas homme de qualité. Mais quelque
précieux que foit le bon efprit, il ne
fuffit pas d'en être doué pour éprouver le bonheur. Il faut de plus fe trou-

ver dans des circonſtances phyſiques &
morales , tant abſolues que relatives ,
qui flattent l'ame , l'imagination & les
ſens.

LE bonheur & le malheur ont donc
des baſes poſitives. L'un & l'autre réſultent de circonſtances de différente eſpece preſque ſans nombre. La réunion
de celles qui rendent heureux produit
le bonheur ſuprême , où perſonne n'atteint. La réunion de celles qui rendent
malheureux effectue le malheur complet
que peu de gens éprouvent. Entre ces
points extrêmes , ſont mille & mille
nuances qui , par une invariable loi ,
ſe répandent pêle-mêle & inégalement
ſur nos jours. Enſorte que pour parler
exactement du bonheur ou du malheur
d'un être , il faudroit , pour ainſi dire ,
avoir une échelle graduée des biens &
des maux , où , rapportant le cours
journalier de ſa vie , on pût reconnoître

combien il a eu de dégrés, soit de bonheur, soit de malheur.

IL en est du bonheur dans la vie comme de la santé. Les Médecins disent : *NEMO PERFECTÈ SANUS ; personne n'est parfaitement sain.* De même nul homme n'est parfaitement heureux. L'état, qui est entre la santé parfaite & la maladie, entre le bonheur marqué & le malheur marqué, est l'état ordinaire ; & n'a point de nom dans notre langue. Ce *deficit* dans le langage est peut-être une des causes qui produisent les erreurs, où l'on tombe si communément, en raisonnant sur le bonheur. Nous parlons presque toujours à l'absolu. Nous sommes malades ou en santé, heureux ou malheureux, disons-nous, quoique en effet nous ne soyons que rarement dans l'un ou dans l'autre de ces états absolus ; & que communément nous passions nos jours dans une *eucrafe* ou *moyen étre* , à raifon duquel nous avons plus à nous louer qu'à nous plaindre de l'exiftence *.

LES bafes du bonheur font la fanté,

---

* Le mot E'υκράσις , dont ceux qui ont écrit en François fur la Médecine , ont fait le mot *Eucrafe*, pour exprimer une bonne difpofition du fang & des humeurs , ou fimplement une difpofition qui ne s'oppofe point aux remedes , a différentes fignifications. Il fe traduit également en latin par *conditio æquabilis , ftatus medius , temperamentum , bona habitudo corporis , medium temperamentum , medius bonufque habitus , modicus habitus.* E'υκρατος, adjectif formé d'E'υκράσις , fe traduit en latin par *temperatus , modicè temperatus , confufioni idoneus , moderatus , qui confundi commijcerique poteft.*

Le mot *Eucrafe* , comportant la fignification d'*état moyen* , d'*état mêlé* , pour ainfi dire ; mais où le bien furpaffe le mal : & notre Langue , manquant d'un terme qui réponde à cette idée , on a cru pouvoir introduire ce mot pour exprimer l'état dans lequel la plus grande partie des hommes paffe leur vie : état véritablement *eucratique* , c'eft-à-dire , mêlé de bien & de mal , & où le bien l'emporte fur le mal.

Le mot *moyen-étre* , qu'on a hazardé de compofer à l'inftar des mots *bien-étre* & *mal-étre* , paroît auffi pouvoir rendre la même idée.

l'indépendance , un bon esprit , la satisfaction des besoins physiques , la jouissance de ce qui flatte les sens , l'exer-
cice agréable des sentimens du cœur
& de toutes les facultés tant de l'ame
que du corps dans l'étendue que l'organisation permet. On est heureux ,
en proportion de ce que l'on réunit plus
pleinement un plus grand nombre de
ces conditions. On est malheureux ,
en raison de ce que l'on en est plus
pleinement privé.

CETTE regle , d'après laquelle on
doit juger du bonheur d'un individu ,
est aussi celle , d'après laquelle on doit
juger du bonheur d'une nation. Car
le bien-être d'un corps n'existe que par
le bien-être de ses membres.

CE n'est pas la terreur qu'inspirent
les armes d'une nation , qui en rend les
familles plus heureuses. Ce n'est pas
non plus l'austérité de ses mœurs , ni
même la noble satisfaction que ressent

l'ame de ne dépendre que des loix. Un Peuple libre, vaillant & vertueux, eſt ſans doute, par ces qualités ſeules, moins malheureux que de vils eſclaves tremblans ſous un deſpote. Mais, ſi ce Peuple avec ces grandes qualités eſt réduit par ſa conſtitution politique à mener une vie pauvre & dure, il a certainement bien moins de dégrés de bonheur qu'un Peuple qui, pareillement libre, vaillant & vertueux, jouit de l'opulence & de tous les fruits des arts.

L'ASSURANCE de la liberté, la tranquillité de la conſcience, la rectitude du jugement, la fermeté, la grandeur de l'ame, tous ces avantages ſi précieux diſpoſent à être heureux; & ſans eux il n'y a point de vrai bonheur. Mais ils ne rendent pas heureux par eux-mêmes. Ces avantages ſont comme la ſanté, qu'on définit un bien qu'on ne ſent pas; & ſans lequel on n'en ſçauroit goûter aucun parfaitement. Un homme en santé n'eſt pas heureux par ſa ſanté même. Il eſt actuellement exempt des ſouffrances de la maladie : & il eſt en état de recevoir des ſenſations agréables. Voilà ſa poſition. Eprouve-t-il des ſenſations agréables : alors il eſt heureux. Il l'eſt plus ou moins : ſuivant que ceſ ſenſations ſont plus ou moins vives , & qu'elles durent plus ou moins de temps.

Si, ſur le modele du thermometre , on pouvoit conſtruire un inſtrument pour apprécier l'état des hommes , relativement au bonheur & au malheur ; il faudroit placer au centre des graduations la ſanté du corps , celle de l'eſprit & toutes les manieres d'être , tous les rapports qui ne donnent ni jouiſſances ni ſouffrances , & mettre vis-à-vis *zero*. On établiroit au-deſſous , ſuivant leurs évaluations, les peines, les douleurs ; & au-deſſus les jouiſſances , les plaiſirs.

LE bonheur confiſte dans les ſenſations agréables. Et le bonheur ſuprême ſeroit la continuité non interrompue
de ces mêmes ſenſations portées au plus
haut point de vivacité. Ce ſont ces
ſenſations ſeules qui rendent la vie pré-
cieuſe. L'abſence des peines , accom-
pagnée de l'abſence des plaiſirs , forme
un état d'apathie que l'on ſoutient un
temps : mais qui ſe change enfin en
un état pénible dont bien des gens ſont
accablés. Pluſieurs même, pour s'en
délivrer, n'ont pas craint de ſe donner
la mort.

IL faut donc des ſenſations agréables
pour être heureux. Le beſoin en eſt ſi
grand que l'on conſent à les acheter ,
par des peines ſouvent même aſſez
rudes.

LE premier état de nature donne des
jouiſſances trop courtes , trop groſſie-
res, trop uniformes & contrebalancées
par trop de mal-être, pour que l'homme,

en cet état , puiffe s'applaudir de fort
exiftence.   C'eft en atténuant les peines , en augmentant les commodités ;
c'eft , fur-tout , en créant des jouiffances de tous les momens & de toutes les
efpeces , que l'homme parvient à fe
procurer un fort qui , habituellement
doux & mêlé par intervalles de plaifirs
plus ou moins vifs , lui fait chérir le don
de la vie.

L'AFFAIRE la plus raifonnable de
l'homme , & même fa feule affaire , eft
de travailler à fon bonheur.   C'eft l'objet qui l'a porté à fe réunir en fociété.
C'eft le feul objet non-feulement qu'il
ait dans toutes fes intentions , mais encore qu'il puiffe avoir.   On le répete :
il ne peut l'obtenir qu'en recherchant
tous les moyens d'exercer agréablement
les facultés dont il eft doué ; & qu'en
écartant , autant qu'il eft en lui , tout
ce qui peut affecter défagréablement fa
fenfibilité.

ON ne prétend point par ces maximes renfermer le bonheur dans un épicurifme purement fenfuel , incapable de fatisfaire un homme bien né. On prend ici les mots *plaifirs* , *fenfations* , *jouiffances* , dans leur acception la plus générale ; où ils comprennent non-feulement les impreffions que les fens reçoivent , & qui paroiffent s'y terminer ; mais encore toutes les affections que l'ame éprouve par l'entremife ou fans l'entremife apparente des fens.

LA Philofophie , qui nous enfeigne à rétrecir la fphere de nos befoins , tend à rétrecir la fphere de notre bonheur en diminuant celle de nos jouiffances. Ce fyftême n'eft bon que relativement à la difficulté de contenter les befoins qu'on pourroit fe faire. Une philofophie plus faine eft celle qui confeille de fermer , s'il eft poffible , fon ame aux defirs qu'on ne peut efpérer de remplir ; & de l'ouvrir toute entiere

aux jouiſſances innocentes & ſans ſuites
fâcheuſes qu'on eſt à portée de ſe donner ; à moins qu'on ne s'en prive par
un calcul dont un cœur honnête ſen-
tira toujours l'avantage. C'eſt, lorſqu'en ſacrifiant les plaiſirs des ſens &
même ceux de l'eſprit, on ſe procure
les ſatisfactions de l'ame qui naiſſent
d'une action magnanime, de la bienfai-
ſance, de l'accompliſſement des devoirs : ſatisfactions véritablement ſupé-
rieures à toutes les jouiſſances d'un autre
ordre.

QUE peut-on oppoſer à ces principes
ſimples, naturels, faciles à ſaiſir ? des
objections tirées d'exemples particuliers qui ne ſçauroient faire regle, &
qui d'ailleurs, dans la réalité des faits,
s'écartent peut-être beaucoup de la
maniere dont ils ſont préſentés ; ou
bien des raiſonnemens appuyés ſur des
ſuppoſitions dont on ne pourroit reconnoître la juſteſſe que par la derniere
analyſe

analyfe des affections & des facultés de l'ame & du corps : analyfe qui furpaffe tout-à-fait nos forces ?

QUOI qu'il en foit des diverfes opinions fur le bonheur par rapport aux particuliers confidérés individuellement; quelque influence que l'on attribue au moral fur le phyfique , il n'en eft pas moins vrai que la généralité des hommes eft faite de façon qu'ils font ordinairement heureux, quand ils font à portée de fe procurer beaucoup de jouiffances. Ceux mêmes, que leur mélancholie, le caractere de leur efprit rend habituellement infenfibles aux jouiffances qui charment la plûpart des hommes, ne laiffent pas, en mille momens de leur vie, de trouver des plaifirs dans ces mêmes jouiffances. Il eft pareillement certain que la politique ne peut travailler avec fruit au bonheur d'un peuple , qu'en lui procurant les

I. Partie. G

moyens phyſiques d'être heureux : elle n'a point de priſe ſur le reſte.

AINSI , comme les maximes d'ad-miniſtration publique doivent être éta-blies ſur ce qui convient au très grand nombre : comme on ne doit rien exiger de la politique qui ſorte de la ſphere de ſon pouvoir ; il eſt inconteſtable que ce bonheur , enviſagé par rapport à la totalité d'une nation , ne dépend point d'idées fantaſtiques ; mais porte ſur des baſes réelles , palpables , pour ainſi dire , qui appartiennent très-évi-demment , & preſque toutes entiére-ment au phyſique. Cette vérité , conſi-dérée comme abſolue ou comme rela-tive , n'en eſt ni moins déciſive ni moins impérieuſe dans la matiere pré-ſente.

UNE nation eſt heureuſe en propor-tion de ce que les individus qui la com-poſent ont moins de fatigues , ont des

travaux moins rudes, ont plus de commodités, de satisfactions & de plaisirs;
en un mot, ont moins de peines & plus
de jouissances.

PAR un concert invariable, & qui
résulte du fond des choses, plus une nation est heureuse, plus elle est puissante ; & par une suite de cette proportion, plus son bonheur a d'étendue,
plus il est durable : puisque, sa puissance
croissant avec son bonheur, l'Etat se
trouve de plus en plus assuré contre
toute attaque de la part d'une force
étrangere.

CETTE assertion n'a pas besoin d'un
grand développement. On sent aisément que la puissance d'un État se
forme du nombre de ses sujets, de leurs
moyens, de leur capacité, & du produit
accumulé de mille inventions. On sent
de même que le bonheur des sujets s'en-
gendre d'une infinité d'inventions devenues des connoissances familieres ; les

quelles facilitent les travaux, en augmentent le produit ; par-là donnent des
richeffes, multiplient les jouiffances
& favorifent la population. C'eft du
même cercle de chofes que fortent
& la puiffance & le bonheur d'un
Etat.

POUR opérer le bonheur d'une nation, objet qui doit être le but de la
légiflation, il ne fuffit donc pas que les
mœurs ou la conftitution produifent,
comme parmi les Tartares, des foldats
durs à la fatigue, aifés à nourrir, féro-
ces dans les combats, propres à conqué-
rir ; ni même comme à Sparte des
guerriers magnanimes, échauffés par
l'amour de la gloire & de la patrie. La
vaillance la plus héroïque, toutes les
qualités militaires les plus recommandables, n'ont de prix par rapport à l'Etat,
qu'en ce qu'elles affurent les fuccès de
la guerre ; & les fuccès de la guerre ne
font défirables que pour mettre à portée

d'étendre ou pour aſſurer le bien-être commun. Quelque néceſſaire que ſoit la partie militaire pour une nation, le légiſlateur, qui ne s'occupe que de cette partie, met un de ſes moyens à la place de ſon but. Il fait comme un homme qui, poſſeſſeur d'un vaſte terrein, employeroit ſa famille à en défendre les approches, ſans ſonger à le mettre en valeur; & par-là vivroit & feroit vivre ſa famille miſérablement dans la privation de toutes ſortes de douceurs.

IL ne ſuffit pas non plus que le gouvernement donne de grands ſoins aux progrès de l'agriculture, s'il abandonne la guerre, les arts, les lettres ou le commerce. Tout doit marcher de front dans un Etat, pour que la proſpérité publique ſoit complette & durable. Nulle des facultés de l'homme, nul des moyens qui ſont en ſon pouvoir ne doivent être négligés : non-ſeulement parce que chacune des facultés de l'homme ; chacun des moyens qui font en fon pouvoir peut directement contribuer de quelque chofe à l'augmentation du bien-être particulier & général ; mais encore, parce qu'on ne peut tirer d'aucun art toute l'utilité dont il eft fufceptible , ni le porter à un certain dégré d'excellence que par le concours d'un très-grand nombre d'autres arts & d'une grande diverfité de moyens,

PAR une fuite de ce dernier principe , le Légiflateur, qui n'auroit à cœur que l'avancement des arts utiles , devroit encore encourager les arts de pur agrément. Et le Légiflateur, qui ne chériroit que les arts de pur agrément , devroit pareillement , pour favorifer leurs progrès , encourager les arts utiles.

CETTE raifon particuliere montreroit feule combien il convient d'animer fans ceffe l'émulation, de ne borner fur rien l'induſtrie, de ne rallentir jamais le travail & les recherches fur aucune partie. Mais une raiſon bien plus générale & bien plus importante, fait de ce ſyſtême une néceſſité. C'eſt la conſidération que, d'une part, le bonheur de l'homme conſiſte dans l'étendue de ſes jouiſſances ; que les jouiſſances des individus réunis en un corps d'Etat, ne ſe multiplient jamais, ſans que le pouvoir de l'Etat ne croiſſe ; & que, d'une autre part, plus les arts ſe propagent & ſe perfectionnent dans un Etat, plus les ſujets acquierent de moyens de jouir : & plus par conſéquent l'Etat acquiert de puiſſance.

OR, comme tout ce qui augmente les jouiſſances des particuliers augmente & leur bonheur & la force de l'Etat dont ils font partie, il s'enſuit que la maxime la plus ſacrée d'un bon gouvernement, doit être de favoriſer tout ce qui peut augmenter les jouiſſances de

ſes ſujets ; puiſque de-là dépendent &
leur bonheur , qui eſt l'unique objet de
leur réunion en corps d'Etat , & la puiſſance de l'Etat qui peut aſſurer la durée
de leur bonheur.

CHAPITRE V.

L'HOMME & les sociétés politiques doivent leur bonheur & leur puissance aux arts. Les productions des arts, & par conséquent toutes les choses dont l'homme fait usage au-delà des présens spontanés de la nature, font du LUXE. L'utile, le commode, l'agréable, font des variétés absolument du même genre. Le pain & les inventions relatives à la guerre font du LUXE. Développement de cette proposition. Elle n'effarouche que parce qu'on a des préjugés contraires. Définition du mot LUXE.

ON ne reçoit que des arts l'adoucissement des travaux, la diminution des fatigues, les commodités, l'abondance, & la variété des jouissances. C'est par les arts que l'homme étend la sphere de son pouvoir; & que les sociétés réunies en corps d'Etat acquierent la force, la

richeſſe & le bonheur. Or, tout ce que
les arts enfantent, eſt Luxe. C'eſt donc
par le goût du Luxe dont l'effet eſt d'encourager les arts, en faiſant rechercher
leurs productions, qu'une nation eſt heureuſe & puiſſante.

Pour bien ſentir la vérité de cette
propoſition, qui, par les idées ſuperfi-
cielles que l'on s'eſt faites du Luxe,
choque toutes les notions reçues en
cette matiere ; il faut remonter à la premiere origine des choſes, & partir du
point inconteſtable que l'homme peut
vivre nud, ſans autre ſoin que celui de
chercher ſa ſubſiſtance, comme tous les
animaux répandus ſur la terre. Puis
donc que, par les bienfaits de notre mere
commune, notre corps nous ſuffit pour
trouver les moyens de maintenir notre
exiſtence ; tout ce que nous imaginons
au-delà pour ſubvenir plus facilement
ou plus agréablement à nos beſoins, ne
peut être dans le fond que ſuperflu,

par rapport au foutien de la vie.

Nous nous procurons par-là des commodités , des agrémens , des utilités.
Mais l'utile , le commode , l'agréable
font diftincts du néceffaire ; & ce qui
eft au-delà du néceffaire, eft abfolument
luxe en foi. L'utile, le commode, l'agréable font des variétés d'un même genre,
qui ne font pas intrinféquement plus luxe
ni moins luxe l'un que l'autre. C'eft
feulement, eu égard aux circonftances
relatives, que l'agréable ou le commode
peuvent être réputés plus fuperflus que
l'utile.

On n'attache communément l'idée
de luxe qu'à l'agréable : comme aux
chofes de décoration & de magnificence , aux délicateffes de la table , aux
recherches dans les plaifirs.

On ne fait pas attention que le mérite de l'utile ou du commode fe réduit
toujours, en derniere analyfe, à procu-

rer l'agréable : & que c'eſt, relativement à cet objet, que ce que l'on appelle utile ou commode, eſt ainſi qualifié ; que par conſéquent l'utile & le commode, n'étant que des moyens pour arriver à l'agréable, ne doivent pas, dans la queſtion préſente, être conſidérés en euxmêmes : mais ſeulement par rapport à leur objet ; & que, leur objet étant l'agréable, ils doivent être rangés de même que l'agréable, dans la claſſe des choſes de luxe : puiſque, ſans cet objet, ils ſeroient ſans uſage & ſans prix.

On n'obſerve pas qu'après les premieres néceſſités de la vie, l'homme a beſoin de l'agréable autant que de toute autre choſe, & que les choſes, qui le délectent, ſont peut-être moins ſuperflues qu'un grand nombre d'inventions qui lui procurent de ſimples utilités. Ce qui plaît intéreſſe autant que ce qui ſert. Il n'y a point en cela d'égarement ni de corruption. Ce qui plaît & ce qui fert, font l'un & l'autre également bons, chacun en fon lieu. Une boëte d'or émaillée, où les preftiges de divers arts réunis ont tracé des tableaux pleins de grace, n'a pas l'utilité d'un manteau. Elle a l'utilité d'une rofe, d'une tulipe, dont la forme & les riches couleurs flattent la vue. L'agrément eft un bien véritable. La nature veut que nous y foyons fenfibles. Elle-même prend foin d'orner fes ouvrages. Si la terre, fans fleurs, fans verdure, ne portoit que des fruits, les humains, fur fa trifte furface, privés des parfums & de la fcene riante du printems, ne perdroient-ils rien? N'auroient-ils rien à regretter?

A la confidération que l'agréable eft la premiere des fecondes néceffités, ajoutez que, depuis plufieurs milliers de fiécles, l'agréable fait, autant que l'utile, partie intégrante des chofes les plus ufuelles, même parmi le peuple: telles que les meubles, les vêtemens, les uſtenſiles, les bâtimens, les armes, les alimens. Par cette raiſon, lors même que l'on borne la dénomination de Luxe à l'agréable, toutes les choſes uſuelles, celles d'un uſage abſolument commun, comme le pain, la draperie, les ouvrages tricotés, doivent, indépendamment de toute autre conſidération, être compriſes parmi les choſes de Luxe. Car, dans ces choſes, l'agréable augmente, ſouvent au décuple, leur valeur; & il n'eſt pas par eſſence inhérent à ce qu'elles ont d'utile; quoique, relativement à l'état actuel, il en ſoit abſolument inſéparable.

L'AGRÉABLE n'eſt donc pas une qualité plus conſtitutive du Luxe que la qualité d'utile ou de commode. Remarquez bien que l'utile, le commode, l'agréable ont la même ſource: la ſenſualité. On a pour but, en ſe ſervant d'une choſe utile, commode ou agréable, de ſe procurer des ſenſations qui plaiſent,

ou de s'épargner des sensations pénibles.
L'esprit, qui dirige la forme de nos vêtemens & les ornemens dont nous embel-
lissons nos demeures, est le même qui
a fait imaginer de paîtrir la farine pour
en former du pain. L'objet, dans une
de ces recherches comme dans l'autre,
est de flatter les sens.

LE caractere distinctif des choses de
luxe, est de n'être pas nécessaires. D'a-
près ce principe, la classe du Luxe en-
globe l'utile, le commode, l'agréable,
une infinité de choses usuelles, les laine-
ries communes, le pain même.

IL paroîtra sans doute singulier de
voir comprendre dans la classe du Luxe,
les choses d'un genre très-nécessaire aujourd'hui : telles que le pain & les étoffes de laine communes. Pour toute explication, je renverrai aux tems où l'on
ignoroit la boulangerie, & où les hommes alloient nuds, ou bien étoient simplement vêtus de peaux d'animaux ;

comme les gens de la campagne l'étoient en France sous Charlemagne, & comme presque tout le peuple l'est encore en Hongrie & ailleurs.

L E citadin qui n'a jamais vu dans la maison de son pere, ni dans la sienne, que de beau pain blanc, & qui en voit l'usage parmi les gens de bas état, croit qu'il est de l'essence de l'homme de se nourrir ainsi. Il ne se doute pas que ce pain étoit, il n'y a gueres plus de deux cens ans, un pain friand, dont tout le monde ne mangeoit pas, imaginé pour les Chanoines de Notre-Dame, & de-là nommé *pain-de-Chapitre* *. Il ne se doute pas que la plus grande partie des meilleurs Bourgeois de Paris se contentoient encore sous Charles IX. de *pain-coquillé*, ou *bis-blanc*, appellé par cette raison *pain-Bourgeois*; & que le pain-bis, anciennement appellé *pain-de-brode*,

---

* *Vid.* Traité de la Police par Lamare.

ou *pain-factice*, étoit la grande confommation de la Ville. On ne fe rappelle
pas que les Afiatiques, de qui l'occident a reçu fes premiers arts, ne fça-
voient point, au temps d'Abraham, faire
du pain-levé. On oublie que les Romains, quoique iffus de divers peuples
déjà anciens dans l'Italie, ne donnerent
long-temps d'autre préparation à leur
grain que de le faire cuire dans l'eau
tout entier avec fa bale ; & que, long-
temps même après qu'ils eurent appris à
le piler, ils s'en tinrent à l'ufage de la
bouillie.

EN général les hommes ne voyent
que le préfent. Cependant fans parler
du *pain-de-chailli*, qui eft le *pain-mollet*
ordinaire, lequel a été, jufques fous
Louïs XIII. le pain des Princes & des
riches ; fans parler du *pain-au-lait*, imaginé pour Marie de Médicis, ni des autres recherches par lefquelles on a enchéri fur cette délicateffe ; que de dégrés

I. Partie. H

de rafinement entre le grain fimplement cuit tout entier dans l'eau & le pain-levé le plus commun ! Que de dégrés encore entre ce pain groffier & le beau pain blanc de pâte-ferme ! Quand on obferve un caractere fi marqué de luxe dans une chofe que l'habitude & les circonftances ont aujourd'hui convertie tout-à-fait en premier befoin , il doit être aifé de concevoir que le luxe entre pour tout , ou pour prefque tout , dans un grand nombre de chofes où l'on ne foupçonne pas qu'il exifte.

L E rabot d'un Menuifier , la charrue d'un Laboureur , font des chofes de luxe. L'état actuel de la fociété rend ces inftrumens plutôt de vraies néceffités que de fimples utilités. Mais , pour éclaircir la queftion préfente , il faut pénétrer jufqu'au fond des chofes : & ne régler fes idées que d'après l'état de l'homme dans les premiers temps.

L'USAGE d'un rabot , d'une char-

rue, n'eft pas, fi l'on veut, un luxe,
en tant que ces inftrumens font de néceffité par rapport à l'objet pour lequel on
les employe. Mais l'objet, qui les a
fait imaginer & qui les rend utiles, eft
tout-à-fait de luxe; & par-là les inftrumens qui fervent à cet objet doivent
être rangés dans la claffe des chofes de
luxe. La charrue & même l'Agriculture, de quelque façon qu'elle s'opere,
font des inventions nouvelles, eu égard
à l'antiquité du monde : inventions,
dont la fuperfluité, quant à la confervation de l'efpece humaine, eft démontrée
par l'exiftence de l'efpece humaine fans
leur fecours durant un grand nombre
de fiecles.

ON regarde les meubles, les vêtemens, les bâtimens, les uftenfiles, les
armes, comme des chofes de néceffité;
& l'on ne fait confifter le luxe que dans
les recherches plus ou moins fuperflues
qu'on y ajoute. Mais ces chofes que

l'on approuve font du même genre que les recherches que l'on blâme : puifque ces chofes, dans leur origine, étoient elles-mêmes des recherches, & que l'homme pouvoit s'en paffer. Cette identité de genre fur laquelle on ne fçauroit trop infifter, & qu'un efprit jufte reconnoîtra, quand il fe donnera la peine d'y réfléchir mûrement, abforbe toutes les diftinctions particuliéres que l'on voudroit établir, toutes les différences que l'on voudroit faire par rapport aux effets politiques entre les diverfes fortes de recherches qui font préfentement en ufage.

Aucune des chofes ajoutées à l'état primitif, quelque oppofée qu'elle paroiffe d'abord à l'idée de luxe, ne peut être avec raifon exceptée de la regle qui déclare luxe tout ce qui n'eft pas abfolument néceffaire. C'eft le luxe qui leur a donné naiffance ; & c'eft caufe du luxe qu'elles ont du prix.

EXAMINEZ dans les différens temps les inventions relatives à la guerre : vous verrez qu'elles ont été imaginées à l'occasion de circonstances produites par le luxe, & pour maintenir ces circonstances. Suivez les changemens faits dans les armes & dans les méthodes que l'on employe à la guerre : vous verrez qu'ils ont été suggérés par cet esprit, qui nous porte sans cesse à chercher les moyens d'améliorer notre situation, & d'accroître nos avantages : esprit qui n'est autre que celui du Luxe, dont l'objet est le bien-être, & qui, loin d'être biâmable, est l'effet le plus juste de la raison dont l'homme est doué.

CE n'est pas la nécessité qui a fait imaginer les fusils, les bombes, les canons. Combien n'y a-t-il pas eu de guerres sanglantes, de vastes conquêtes, de batailles meurtrieres avant ces inventions ? L'espoir d'obtenir la supério-

H iij

rité fur l'ennemi a pû fuffire pour les faire adopter d'abord ; mais cette raifon n'en a pas maintenu l'ufage. Car l'Ennemi s'approprie bientôt de femblables moyens ; & d'un commun accord on eût renoncé à ces inventions, comme on a renoncé au feu grégeois, fi chacun n'avoit pas trouvé de l'avantage à les employer. Cette maniere de faire la guerre eft devenue générale parce qu'elle eft plus facile, plus commode que l'ancienne. Il y faut moins d'attirail : l'effet des armes eft plus expéditif ; les actions font plutôt décidées.

Les motifs ont été les mêmes, & dans l'inftitution de ces chofes d'un genre très-férieux, & dans l'inftitution de chofes d'un tout autre caractere. Dans tout ce que l'on imagine de nouveau on a pour objet une plus grande facilité, une plus grande commodité, un plus grand agrément. Cefont les feuls motifs que l'on puiffe obferver dans l'inftitution, de tout ce que l'homme a inftitué. Rien de ce qu'il a inventé ne lui étoit néceffaire au moment de l'invention. Il s'en étoit paffé jufque-là : & quelques commodités, quelques utilités qu'il fe foit procurées par fes recherches, il n'en eft pas moins vrai que, relativement à fon exiftence, le fruit qu'il a tiré de fon induftrie, étoit, à parler rigoureufement, un véritable fuperflu, par conféquent un luxe.

Si cette propofition effarouche ; c'eft que l'on a communément une idée défavorable du luxe. Car, fi l'on penfoit que le luxe eft bon : ou feulement fi, comme la jufteffe le prefcrit, on entendoit par le mot de *luxe* tout fimplement le *fuperflu*, l'oppofé de *néceffaire :* on ne fentiroit nulle répugnance à qualifier de ce nom les chofes dont nous tirons le plus de fervice.

Quand on taxe de luxe une chofe quelconque, on n'entend pas que cette

chose soit sans aucune propriété. Tout
ce qu'on veut dire, c'est que l'on peut
se passer de la chose dont on parle,
qu'elle n'est pas nécessaire. Autrement
on ne trouveroit rien que l'on pût taxer de luxe. Car il n'existe rien qui soit
en usage, ou dont l'usage continue un
certain tems, sans avoir une sorte de
propriété, soit d'utilité, soit de commodité, soit d'agrément. Si des esprits bi-
zarres ou puériles introduisent dans la
société des nouveautés sans aucun avantage, elles n'y prennent pas : ou elles
n'obtiennent qu'une faveur momentanée.
Quelque susceptibles que les hommes
soient de fantaisie ; quelque pente qu'ils
ayent à suivre le torrent de la mode,
ils reviennent machinalement à la raison. Les choses, qui n'ont point avec
l'organisation de l'homme un tel rapport
qu'elles doivent, soit directement soit
indirectement, lui apporter du plaisir
ou de l'utililé, ne font point d'impres-
sion sur lui, ou n'en font pas long-tems.

Il s'en détache bientôt & les dédaigne.

LE mot *Luxe*, pris en lui - même d'une maniere abfolue, ne peut donc fignifier & ne fignifie réellement que les *jouiffances fuperflues*, les *chofes fuperflues :* c'eft-à-dire, dont on peut fe paffer, qui ne font pas rigoureufement *néceffaires.* Car telle eft la valeur du mot *fuperflu :* on le définit *qui ne fert de rien pour la néceffité.*

CETTE explication du mot *Luxe* eft la feule qui foit exacte, la feule qui fourniffe à l'efprit un point de repos. Toute autre définition ne préfentera rien de terminé, rien de clair & de précis. Que l'on effaye d'en donner une différente. Quiconque n'eft pas organifé de façon à fe perfuader qu'il voit nettement, lorfque l'objet, qu'il envifage, eft encore confus, finira, après bien des tâtonnemens, par defcendre, comme nous, jufqu'à la ligne du plus

étroit néceſſaire pour trouver le point
où commence la ſphere du Luxe. C'eſt-
là qu'après bien des détours, il en faut
venir malgré ſoi. L'on ne fera que
s'exhaler en vains diſcours ſur cette matiere, ſi l'on ne poſe pas pour principe,
que le mot *Luxe* ſignifie purement &
ſimplement, dans ſon ſens fondamental, tout ce qui eſt *ſuperflu*, tout ce qui
eſt au-delà du néceſſaire abſolu.

CHAPITRE VI.

Le sens primitif du mot latin Luxus, *con-firme la définition qui a été donnée du mot* Luxe *au Chapitre précédent. Le mot* Luxe *a parmi nous fondamentale-ment, comme chez les Romains, la si-gnification pure & simple de jouissan-ces superflues. Les dictionnaires fran-çois, qui ont défini le mot* Luxe *, ne sont pas opposés à cette assertion. Les productions des arts ne donnant que des jouissances superflues, ces productions sont des choses de* Luxe. *Les sociétés devant leur bonheur & leur puissance aux productions des arts, le* Luxe *est donc utile. En effet les peuples, qui en ont le plus, sont les plus puissans.*

LE sens originel du mot Luxe confir-me la définition qu'on a donnée de ce mot au Chapitre précédent. Le mot latin *Luxus*, d'où est dérivé le mot françois Luxe, fignifioit au propre chez les Romains, purement & fimplement *furabondance*, *ce qui eft au-delà du néceffaire*, *le fuperflu*. On le voit par des paffages de différens Auteurs dont la bonne latinité eft inconteftable *.

A-TRAVERS les différentes applications que l'on fait parmi nous du mot *Luxe*, on reconnoît pareillement, comme on l'a déja obfervé, que le fens fondamental qu'il comporte & l'idée fimple de *jouiffances fuperflues*, font abfolument les mêmes.

A la vérité, il y a bien quelque confufion apparente dans l'ufage que l'on fait communément du mot *Luxe*. On qualifie de Luxe en certains cas une chofe ; & l'on ne qualifie pas ainfi cette même chofe en d'autres cas. On em-

---

* On trouvera les preuves de cette propofition dans une Differtation placée en forme d'appendice à la fin de l'ouvrage.

ploye le mot Luxe à l'égard d'une perfonne en une certaine pofition ; on ne
l'employe plus à l'égard de la même
perfonne, dans une autre pofition, fans
que la différence des cas & des pofi-
tions paroiffe fondée fur aucuns principes. Un jugement fi variable femble
l'effet de l'inconféquence.

Le chaos, que préfente à la premiere
vue l'ufage que l'on fait communément
du mot Luxe, fe débrouille aux yeux
d'un homme attentif. On parvient, en
fuivant la filiation des idées, à démêler
le vrai fens d'une locution qui femble
d'abord n'exprimer rien de précis. L'i-
gnorance & l'inapplication répandent
bien des obfcurités dans le difcours ordinaire. Il faut quelquefois chercher ce
que le vulgaire veut dire, & ne point
s'arrêter à ce qu'il dit : comme l'on fait
à l'égard des enfans dont on devine les
petites conceptions plus fouvent qu'on

ne les trouve énoncées dans leur langage imparfait.

CE n'eſt pas parce qu'une choſe eſt agréable, brillante, voluptueuſe, qu'on la taxe de luxe. Ce n'eſt pas non plus parce qu'elle eſt ingénieuſe, parce qu'elle demande un grand travail, parce qu'elle coûte cher. Ce n'eſt pas davantage parce que les riches ou les gens d'un ordre diſtingué en font uſage. Ces circonſtances ſe rencontrent dans des choſes qui ne ſont pas de luxe, auſſi-bien que dans d'autres qui en ſont. Ainſi ces qualités, ces rapports n'étant pas particuliers aux choſes de luxe, ce ne ſont pas ces qualités ou ces rapports que l'on veut déſigner, en diſant d'une choſe qu'elle eſt de luxe. Ce terme a donc une autre ſignification. Cette ſignification ne peut exprimer qu'un rapport commun à toutes les choſes que l'on range dans la claſſe du Luxe, & qui ne convient point à celles qu'on exclut de cette claſſe. Or, ſous quel aſpeƈt les choſes de luxe préſentent-elles ce rapport? C'eſt uniquement dans leur oppoſition avec le néceſſaire. Donç en prononçant le mot de *Luxe*, on déſigne une choſe non-néceſſaire, une choſe qui, entre autres caraƈteres, a celui d'être *ſuperflue*.

VÉRITABLEMENT quand vous dites d'une choſe qu'elle eſt de luxe, quelques idées acceſſoires que vous mêliez au ſens principal de ce mot; joignez-y, tant qu'il vous plaira, des idées d'improbation, de molleſſe, de profuſion, de délicateſſe, de ruine : au fond vous entendez toujours que la choſe dont vous parlez, donne une jouiſſance dont on peut ſe paſſer, qui eſt ſuperflue. C'eſt ſur cette idée principale que toutes les autres portent : tellement que, ſi vous la ſupprimiez, toutes celles que vous y avez jointes, porteroient à faux, & ſe trouveroient manquer entierement de justesse.

DE même, quand vous taxez de luxe une personne, quelque inculpation que vous renfermiez dans ce terme, vous partez toujours de l'idée que cette personne se permet des jouissances qui portent ses dépenses au-delà du nécessaire relatif à son état ; & par conséquent vous voulez dire qu'elle se permet des jouissances superflues. Car si les dépenses de cette personne, si les jouissances qu'elle se donne & que vous blâmez, étoient nécessaires, le jugement que vous en faites, tomberoit de lui-même. Il n'a d'appui que le sentiment où vous êtes, que ces dépenses, ces jouissances sont superflues.

LES dictionnaires françois, qui ont défini le mot Luxe, ne contredisent pas le système que nous soutenons ici. Mais ils ne présentent ni nettement ni précisément le sens que nous maintenons être

le

le sens fondamental implicitement attaché au mot Luxe par tous ceux qui s'en servent.

LA Grammaire, dit M. de Saint-Lambert, peut rendre de grands services à la Philosophie : rien n'est plus vrai. Des définitions exactes préviendroient une infinité de méprises & de faux jugemens. Malheureusement, il faut l'avouer, une bonne définition demande presque toujours beaucoup de philosophie ; & ceux, qui, comme Dumarsais, l'Abbé Girard, sont doués des qualités propres à ce genre de travail, daignent rarement s'en occuper. L'article *Luxe*, ainsi qu'un grand nombre d'autres, a été traité dans les Dictionnaires avec trop de négligence. Nous allons examiner ici les définitions que donnent du mot Luxe quelques-uns de ces Dictionnaires.

LA définition du mot *Luxe* dans le Dictionnaire de Richelet, est celle qui approche le plus de l'exactitude. On y lit *Luxe*, *f. m. dépenfe* SUPERFLUE, *foit à l'égard des habits ou de la bouche.* Le Luxe ne confifte pas en ce que l'on fait une dépenfe *fuperflue* : il confifte dans l'ufage que l'on fait d'une chofe *fuperflue.* Il eft vrai que , comme il n'eft prefque rien dont on puiffe fe fervir fans dépenfer , la définition de *dépenfe fuperflue* ne donne point un fens faux , mais elle ne porte point un fens net & précis.

Dans le Trévoux on trouve la définition de Richelet , gâtée par une addition mal entendue. Voici l'article : *Luxe* , *fubft. mafc. Dépenfe* SUPERFLUE , *fomptuofité exceffive , foit dans les habits , foit dans les meubles , foit dans la table.* L'addition mal entendue dont on veut parler, eft celle de ces mots *fomptuofité exceffive.* Il femble que dès que l'on a défini le mot LUXE *toute dépenfe fuperflue* , les mots *fomptuofité exceffive* , loin d'ajouter à la premiere définition , comme ils le devroient, l'alterent & l'embrouillent. Car le mot *Luxe* défini *dépense superflue*, signifie non-seulement *somptuosité exces-sive*, mais encore tous dégrés de dépense superflue depuis le premier dégré jus-qu'aux plus grands excès. Après avoir défini le mot *Luxe dépense superflue*, dire que le mot ainsi défini signifie *somptuosité excessive*, c'est comme si, après avoir dé-fini le mot BLED *tout grain farineux pro-pre à faire du pain*, on disoit que le mot BLED signifie *orge* ou *seigle :* on ne peut pas plus dire l'un que l'autre. Le mot *Luxe*, défini *dépense superflue*, est alors un nom générique qui n'exprime pas spécialement une partie du genre plutôt qu'une autre, mais qui embrasse tout le genre.

CETTE addition des mots *somptuosité excessive*, dans la définition que le Tré-voux a donnée du mot Luxe, est prise de l'*Inventaire des deux langues Françoise & Latine*, par le Pere Philibert Monet, Jésuite, imprimé en 1635. Le Pere

Monet dit au mot *Luxe* dans son Inventaire, LUXE : *somptuosité excessive en habits, meubles, train, viandes, & autres pareilles chôses.*

L'ACADÉMIE Françoise a suivi tout uniment la définition de Monet. Elle l'a inférée sans aucun changement, quant au fond, dans son Dictionnaire, en cette forme : *LUXE, subst. masc. somptuosité excessive, soit dans les habits, soit dans les meubles, soit dans la table.*

LA définition du mot *Luxe* par *somptuosité excessive* n'est pas exacte, non-seulement quand on la donne en même temps que celle de *dépense superflue* : mais aussi quand on la donne seule. On applique le mot de Luxe en mille occasions où il n'y a point de *somptuosité excessive*, ni même de *somptuosité*. Aujourd'hui que les tabatieres d'or simple sont très-communes, elles n'en sont pas moins un Luxe de l'aveu de tout le monde ; & personne ne dira qu'elles sont une *somptuosité*, loin de les taxer d'être une *somptuosité excessive*. Des épingles de diamans d'un prix très-médiocre, une petite cave, plus élégante que riche, garnie de flacons pleins d'odeurs, sont des choses de Luxe : & ne sont pas certainement des *somptuosités*. Le sens du mot *Luxe* n'est donc point du tout exprimé par les mots *somptuosité excessive*. Cette définition est donc absolument défectueuse.

Les idées de Luxe & de somptuosité s'avoisinent : cependant elles different notablement l'une de l'autre. Les idées que le mot *somptuosité* réveille sont celles de faste, de grande dépense, & d'une certaine maniere large de dépenser qui n'appartient qu'à l'opulence & qui est le contraire de la mesquinerie. Les idées, que le mot *Luxe* réveille dans l'état actuel de nos mœurs, sont celles d'un superflu agréable que l'on recherche autant pour en jouir que pour satisfaire l'oftentation ; dans lequel on confulte à-la-fois la fenfualité , l'élégance , le bon goût ; & qui tient plus de ces qualités , que de la richeffe.

Quoi qu'il en foit de l'inexactitude où de l'infuffifance des définitions du mot Luxe données dans les Dictionnaires , il eft évident que celle de Richelet , adoptée & placée au premier rang par les Auteurs du Trevoux , rentre entiérement dans le fens que nous prétendons être le fens fondamental attaché à ce mot par ceux qui l'employent ; & que la définition du P. Monet , quoique trèsfautive , n'eft pas oppofée à notre fentiment : puifque l'excès de la fomptuofité eft certainement une dépenfe *fuperflue*, un emploi de chofes *fuperflues*.

L'idée de jouiffances fuperflues &, par extenfion, de dépenfes fuperflues, eft l'idée mere de laquelle émanent toutes les acceptions du mot Luxe en François. Il n'y en a pas une qui ne s'y rapporte naturellement & fans effort. J'en appelle au témoignage de tous ceux qui fçavent la langue , & qui poffedent un peu la métaphyfique de la Grammaire. Si l'on n'applique pas communément le terme de Luxe à des jouiffances , dans le fond tout auffi fuperflues que le font celles auxquelles on l'applique, c'eft que l'on eft habitué à ces jouiffances non taxées de Luxe, & que par cette raifon on les croit néceffaires.

LES hommes, pour l'ordinaire, ne jettent point les yeux au-delà de l'horifon borné qui les environne. Sont-ils accoutumés de longue main à certaines commodités : ils regardent ces diverfes commodités comme effentielles, comme nées pour ainfi dire avec eux. Ils étendent ce fentiment jufques fur ce qui eft d'un ufage établi dans chacun des différens ordres de citoyens ; enforte que ce qui eft d'un ufage commun dans l'un de ces ordres, eft, pour ceux qui y sont compris, réputé simple, indispensable; & qu'au contraire, ce qui sort de l'usage commun est blâmé comme *Luxe*, c'est-à-dire, comme *superflu*. De-là vient que l'on est choqué de voir une femme de basse condition vêtue de soie, & qu'on ne l'est pas de voir une femme d'un état plus relevé vêtue de même : quoique celle-ci puisse être moins opulente que celle-là.

CETTE observation est la clef des opinions populaires sur le Luxe, qui, expliquées de toute autre maniere, ne présentent qu'un chaos où l'esprit se confond. La qualification de Luxe, telle qu'on l'entend donner tous les jours, n'étant réglée ni sur les besoins naturels de l'homme, ni sur l'espece des choses, ni sur la fortune des personnes, ni même sur le rang légal des conditions entre elles; mais seulement sur l'usage commun, au jour où l'on parle, des différentes classes de la société.

ON s'assurera par une réflexion très-simple, que les hommes pensent & se reglent ainsi. A mesure que les arts s'étendent dans une nation ; à mesure que leurs productions se multiplient & deviennent d'un usage plus commun ; les choses, d'abord comprises dans la classe des choses de Luxe, cessent d'y être comprises ; & la dénomination de Luxe est transportée aux choses de nouvelle invention ou de nouvel usage.

LORSQUE l'on employe le mot Luxe en parlant de la maniere de vivre, on a le plus souvent dans l'esprit une idée qui, bien que formée d'idées relatives, est néanmoins absolue ; & qui a pour opposé l'idée d'un nécessaire quelconque qu'on établit suivant ses habitudes, ses lumieres ou ses préventions.

SI l'on a tant de peine à s'entendre mutuellement les uns les autres, en parlant de Luxe ; si l'on a souvent l'air de ne pas s'entendre soi-même ; il paroît donc que cela ne vient point d'un défaut de concert ni d'aucune incertitude sur la signification du mot *Luxe*. Car il est affez convenu que ce mot signifie les *jouiffances fuperflues*. La difficulté vient de ce que l'on n'eft d'accord ni avec les autres ni avec foi dans l'application du mot ; & l'on n'eft pas d'accord , parce que l'on n'a pas une idée exacte de ce qui eft fuperflu & de ce qui eft néceffaire. Voilà le nœud.

POUR délier ce nœud , il faut s'élever au-deffus des habitudes , écarter les préjugés , confulter la nature. Nos mœurs actuelles la déguifent. Il faut fe tranfporter en efprit hors du fein des fociétés policées , s'élancer jufqu'aux âges qui ont précédé leur naiffance , & voir comment l'homme fubfiftoit dans les temps antérieurs à toutes les inventions des arts. C'eft là : c'eft uniquement là que l'on peut prendre une notion jufte de ce qui eft réellement néceffaire. No-

tre essence n'a point changé. Ce qui
suffisoit alors pour le maintien de la vie,
suffiroit aujourd'hui. Le dénuement
où vivent encore plusieurs nations Sauvages differe peu de l'état primitif. Le
tableau de leur simplicité doit nous
éclairer & guider notre imagination.
Préocupés comme nous le sommes par
les usages que nous avons sous les yeux
dès l'enfance, nous aurions peine, sans
l'exemple de ces nations, à discerner
les bornes où se renferment les vrais
besoins. L'étroit nécessaire une fois
reconnu : nulle obscurité sur la sphere
du superflu. Où les limites du premier finissent ; le regne du second commence.

LORSQUE le mot *Luxe* a été
imaginé, on étoit déjà habitué à un
grand nombre de choses de Luxe que
l'on regardoit comme *nécessaires*, &
que l'on n'entendoit pas indiquer par
ce mot. Il embrassoit mille sortes de

jouiffances qui n'y font plus comprifes. Si ce terme eût été inventé plutôt, il en eût défigné un plus grand nombre. En partant des idées qui ont donné naiffance au mot Luxe, & remontant de cette maniere jufques aux temps où les hommes ne poffédoient rien & jouiffoient uniquement des dons fpontanés de la terre, on ne peut s'empê- cher de reconnoître le fceau du Luxe tout autant dans les premieres additions faites à ces dons par l'induftrie humai- ne, que dans les jouiffances ajoutées par les recherches modernes à celles qu'on avoit déjà. L'analogie entre ces chofes eft parfaite.

Nous ne donnons donc point une extenfion arbitraire à la fignification du mot Luxe, quand nous l'appliquons à tout ce qui n'eft pas de néceffité. Tel eft le fens de ce mot dans l'intention de tous ceux qui l'employent. Nous dé- montrons feulement ici que les carac-

teres qui font généralement appliquer
le nom de Luxe à certaines chofes , fe
trouvent pareillement & complettement
dans tout ce qui. n'eft pas de la plus
étroite néceffité. Le vulgaire qualifie
de Luxe certains objets , & ne qualifie
pas de même d'autres objets qui ne font
pas plus néceffaires : s'il agit ainfi c'eft
en quelque forte contre fon deffein ;
c'eft par ignorance , par inattention.
Ses préjugés & fes habitudes l'empêchent d'appercevoir les caracteres du
Luxe où ils font : mais ces caracteres
n'en exiftent pas moins, quoique le vulgaire ne les apperçoive pas ; & l'idée
de fuperflu étant attachée dans la langue
au mot Luxe , il n'eft pas libre à quiconque fçait voir , à quiconque raifonne ,
de ne pas comprendre dans la claffe
du Luxe tout ce qui a le caractere de
fuperflu.

AINSI , d'une part , l'idée effentielle
attachée au mot *Luxe* étant celle de

jouissance superflue ; d'une autre part, les jouissances procurées par les arts ayant toutes le caractere de *superflues*, quoique le vulgaire ne le voye que dans les choses de nouvel usage , il s'enfuit que toutes les jouissances que nous tenons des arts , font Luxe. Or, à l'exception d'un très-petit nombre de jouissances, auxquelles l'art n'a pû rien ajouter , parce qu'elles ne dépendent point des objets extérieurs , ou parce que les objets extérieurs dont elles dépendent ont été formés par la nature d'une maniere propre à completter ces jouissances, l'homme dans l'état actuel de la société n'ayant nulle jouissance que l'art n'ait créée ou dans laquelle il n'ait enchéri sur la nature ; il s'enfuit, malgré l'opinion commune , que parmi nous,à considérer les choses intrinsequement, toutes nos jouissances font *luxe* , soit quant à la forme seulement , soit quant au fond & quant à la forme tout ensemble.

D'UN côté, tout ce que nous avons au-delà de notre corps, tout ce que nous ajoutons aux premiers dons qui nous ont été faits, étant *luxe*; d'un autre côté, les nations les plus puiſſantes, les plus heureuſes étant celles qui ont le plus de ces choſes de luxe, & les nations les plus foibles, les plus malheureuſes étant celles qui en ont le moins; peut-on, à s'en tenir à cette conſidération ſeule, ſe défendre de penſer que le Luxe eſt utile aux ſociétés politiques ?

MAIS, indépendamment de ce motif, une autre raiſon tout-à-fait déciſive ſe préſente en faveur du Luxe. Tout le monde convient que les choſes utiles, comme l'annonce l'épithete qui les déſigne, font en particulier le bien des hommes, & en général celui des corps politiques. Or les objets utiles & ceux que l'on taxe de luxe, quoique diſtingués les uns des autres dans l'uſage commun, étant comparés par un œil philoſophi-

que au néceſſaire rigoureux, ne forment
abſolument qu'un ſeul & même genre.
Les choſes d'un genre ne peuvent,
par une ſuite de l'homogénéïté des qualités qui les conſtituent d'un même genre, avoir, par ces qualités, les unes un
effet, les autres un autre. Elles ne peuvent, par exemple, être les unes profitables, les autres nuiſibles à l'égard du
même ſujet. Donc il n'eſt pas poſſible de
concevoir que ce que l'on nomme Luxe,
étant du même genre que ce que l'on
nomme utile, n'opere pas des effets politiques pareils à ceux de l'utile ; & que
l'un ne concourre pas comme l'autre,
chacun dans ſa proportion, au bien de
la ſociété.

A la vérité les choſes d'un même
genre peuvent avoir des qualités très-
diſſemblables outre les rapports communs conſtitutifs du genre ſous lequel
on les range ; & peuvent par conféquent
avoir des effets tout différens. L'aconit

&

& l'orvale font l'un & l'autre du regne
végétal, & n'en ont pas moins des propriétés fort oppofées.

MAIS les effets, réfultans des rapports communs qu'ont entre elles les
chofes qui forment un genre, font néceffairement les mêmes dans chacune
des chofes de ce genre, quelques propriétés particulieres qui d'ailleurs s'y
rencontrent ; & de ce qu'une chofe
produit un effet en raifon des qualités
qui lui font communes avec toutes les
chofes de fon génre, il faut en conclurre
que toutes les chofes de ce genre produifent le même effet ; puifqu'elles ont
en elles la caufe de cet effet; & que
l'efficacité de cette caufe ne pourroit
être détruite fans que le caractere de
leur genre ne le fût également.

LES recherches dont lès fruits font
appellés utiles, ne fourniffent que des
chofes dont on peut fe paffer. Leur
principe eft le defir du bien-être. Ces

I. Partie. K

recherches s'exécutent par le travail.
Elles étendent & diverſifient les moyens
de jouir. Tous ces caraƈteres ſe trouvent dans les recherches dont les fruits
ſont appellés ſuperflus. Auſſi l'effet des
unes & des autres, à l'égard de l'homme, eſt-il en derniere analyſe parfaitement ſemblable. Les unes & les autres
ajoutant à ce qu'il a, l'enrichiſſent &
lui donnent des ſenſations agréables,
ou lui en épargnent de pénibles.

Cet effet, à l'égard de l'homme individuel, réſulte néceſſairement des rapports communs que ces deux ſortes de
recherches ont entre elles. L'état de ſociété ne change point ces rapports. Par
conſéquent, de même que ces recherches, conſidérées ſous l'aſpeƈt le plus
généraliſé, n'ont pas & ne peuvent
avoir, par les qualités qui leur ſont communes, des effets différens les unes des
autres à l'égard de l'homme individuel;
de même, l'état de ſociéte, ne chan-

geant point ces rapports , elles n'ont pas & ne peuvent avoir des effets dif- férens les unes des autres à l'égard des fociétés politiques.

POUR que les chofes que l'on nom- me vulgairement Luxe , & celles qu'on nomme exclufivement utiles , produiffi- fent les unes des effets effentiellement différens de ceux que produifent les au- tres fur les hommes & fur les fociétés poli- tiques , il faudroit que ces deux efpeces de chofes différâffent l'une de l'autre par des qualités d'une effence entierement différente. Or ces chofes font abfolument de même nature au moral ainfi qu'au phyfique. Il eft impoffible, quand on les envifage dans leur rapport avec l'étroit néceffaire , de découvrir dans les unes aucun caractere véritablement effentiel qui ne fe trouve complettement dans les autres.

EN un mot , le Luxe , à quelque point qu'on veuille le diftinguer de

l'utile, n'eft, auffi-bien que l'utile, tout
fimplement au fond, que la jouiffance
des biens créés par la nature & appro-
priés par l'art à notre ufage. Pourquoi
ne feroit-il pas avantageux aux États ?
Ses recherches, fes travaux, comme
ceux dont l'utile eft l'objet, étendent
nos facultés, nous ouvrent des reffources, & multiplient nos richeffes !

CHAPITRE VII.

*LES détracteurs du LUXE ne s'entendent
pas eux-mêmes ; ils appliquent arbitrairement le mot LUXE, qualifiant de LUXE
des choses du même genre que celles qu'ils
ne qualifient pas ainsi. Examen de leur
sentiment. Vaines objections contre le
LUXE. Les adversaires du LUXE ne
l'attaquent point dans sa véritable univer-
salité. L'opulence & la puissance d'une
nation procedent de ses dépenses.*

LEs détracteurs du Luxe semblent s'a-
veugler volontairement. Ils n'appellent
point Luxe ce qui est d'un usage ancien.
Leurs imputations ne tombent que sur
les recherches nouvelles. Ils ne veulent
point voir que ce qu'ils permettent comme usité , comme non-repréhensible,
est du même genre que ce qu'ils condamnent ; ni faire réflexion que ces
choses qui n'attirent point leur censure,

ont eu leur tems de nouveauté & méritoient alors, felon leurs principes, autant d'être taxées de luxe que ce qu'ils
profcrivent. Ils ne veulent point voir
que ces recherches nouvelles qu'ils blâment, font la fuite naturelle du perfectionnement des arts & des progrès de
l'efprit & du goût.

ON fe procure aujourd'hui mille
commodités, mille agrémens qu'on ne
fe procuroit pas autrefois : parce que
l'on fçait aujourd'hui mettre plus d'en-
tente dans ce que l'on fait : on a plus
de fineffe & de génie. On bâtit préfentement des demeures plus grandes,
plus ornées, diftribuées plus commodément que dans le douzieme fiecle ; parce qu'on a l'efprit de fentir que cela eft
mieux ; & que les progrès des arts mettent
en état d'exécuter ces chofes. C'eft ainfi
qu'on a élargi fucceffivement & pavé
les rues fi étroites & fi fangeufes fous
le regne de S. Louis.

LES hommes ont toujours porté le Luxe auſſi loin qu'ils l'ont pû. Le défaut de moyens ou de connoiſſances les a ſeul arrêtés. Jamais l'intention ne leur a manqué. Cela eſt tout ſimple. On augmente ſon bonheur en étendant ſes jouiſſances. Dans tous les tems le produit foible ou fort des travaux a été conſommé, ſous Hugues Capet comme ſous le regne préſent. Or ſous Hugues Capet, par exemple, ou bien le travail n'équivaloit qu'à la conſommation indiſpenſable du travailleur & de ſon maître, quand le travailleur en avoit un: ou bien il la ſurpaſſoit. Si le travail n'équivaloit qu'à la conſommation indiſpenſable, ce n'étoit pas par ſyſtême qu'on ne conſommoit pas au-delà ; c'étoit par impoſſibilité de conſommer davantage, par pénurie. Si le travail ſurpaſſoit la conſommation indiſpenſable, il en réſultoit un fonds qui ne pouvoit être conſommé qu'en choſes non-indiſpenſables, & conſéquemment qu'en

Luxe d'une efpece ou d'une autre. Car la précifion rigoureufe qu'on doit fuivre en matiere de raifonnement, n'admet point ici de milieu : les chofes font ou néceffaires ou fuperflues ; & ce qui eft fuperflu eft Luxe.

UN payfan de North-Hollande occupe une maifon bien bâtie, garnie de meubles ; a des armoires remplies de linge, de hardes ; a de l'argenterie, une batterie de cuifine de cuivre ; fe nourrit de viande & de bierre. Un payfan du Limofin habite une mauvaife chaumiere, n'a ni meubles ni linge ni hardes, vit de châtaigne & d'eau. Voilà deux hommes de même nature, ayant les mêmes befoins, dont les confommations font fort différentes, & qui fubfiftent également. Si celui des deux qui confomme le moins, a le néceffaire, l'autre a certainement un grand fuperflu. Or le payfan du Limofin a le néceffaire, puifqu'il fubfifte, qu'il éleve des enfans, & que ses peres ont vécu comme lui. Si vous ne taxez pas de Luxe les consommations du North-Hollandois, sur quel fondement vous appuyerez-vous pour taxer de Luxe les délicatesses, les somptuosités de l'homme très-riche ? Toutes ces jouissances, celles de l'un comme celles de l'autre, considérées relativement à l'étroit nécessaire, sont homogenes. Nul trait ne les distingue. Elles ont toutes un objet commun, le bien-être : objet que le Nort-Hollandois & l'homme très-riche recherchent avec le même empressement dans la proportion de leurs moyens respectifs & selon que les circonstances le leur permettent.

FORMEZ une suite d'états depuis celui du paysan aisé qui jouit de son aisance, jusqu'à celui de l'homme le plus riche qui jouit de sa richesse, ensorte que les gradations de cette échelle ne sautent aucun des degrés qui peuvent différencier ces états ; n'eſt-il pas vrai que du premier de ces états au ſecond, du ſecond au troiſieme, & ſucceſſivement juſqu'au dernier, les dépenſes varieront & croîtront ſi imperceptiblement de proche en proche que, ſi vous n'avez pas qualifié de Luxe les dépenſes du premier, vous ne pourrez, en parcourant graduellement toute l'échelle, taxer de Luxe les dépenſes du dernier, ſans ſortir de toute analogie. Tant les dépenſes qui ſont au-delà de l'étroit néceſſaire ont toutes de reſſemblance dans leur objet & ſe confondent pleinement par-là les unes avec les autres. Tant elles ſont d'une ſeule & même eſpece, conſidérées dans leur rapport avec l'étroit néceſſaire.

Sɪ les détracteurs du Luxe ſe donnoient la peine de mettre en maſſe les effets de tout un peuple, de les évaluer & de les partager en deux claſſes, l'une qui comprît ce qu'ils appellent Luxe,

& l'autre ce qu'ils n'appellent point Luxe ; ils trouveroient que la valeur de ce qu'ils appellent Luxe, n'eſt peut-être pas la centieme partie de la valeur de ce qu'ils n'appellent point Luxe. De-là ils concluroient ſans doute que ſi quatre-vingt-dix-neuf parties d'une maſſe ne ſont pas préjudiciables à l'Etat, une centieme partie ne ſçauroit l'être.

I L eſt aiſé de ſe figurer l'état des premieres ſociétés dans leurs commencemens. Le Luxe étoit alors très-peu de choſe. Les ſociétés étoient auſſi très-foibles. Suivez leurs progrès juſqu'au tems actuel : vous verrez le Luxe s'accroître ſans ceſſe, & leurs richeſſes, leur puiſſance s'accroître pareillement. Il n'y a pas de comparaiſon à faire entre la France préſente & l'ancienne Gaule conquiſe par Céſar. La Gaule, lorſque les Romains y pénetrerent, nourriſſoit à peine quatre millions d'habitans, qui preſque tous vivoient durement, vêtus

de peaux, sans meubles, dans de mé-
chantes maisons formées de poteaux &
de claies, la plûpart bâties au milieu des
bois. Aujourdhui la France, qui sans
doute pourroit être plus florissante, a
dans son sein plus de dix-huit millions
d'habitans, dont un million au-moins
jouit de la plus grande abondance &
des délices de la vie. La moitié du reste
vit dans l'aisance; les plus malheureux
de l'autre moitié sont moins misérables
que les trois quarts & demi des Gaulois
ne l'étoient. Le pays est le même. Les
arts, enfans du Luxe, ont seuls produit
la différence de ces siècles reculés au
nôtre.

JETTEZ les yeux sur la face du
monde & passez les nations en revue.
Les peuples où vous trouverez le plus
de Luxe, sont les peuples les plus puissans. La France, l'Angleterre, l'Italie
tiennent sans doute le premier rang
dans l'Europe; ce sont les contrées où

le Luxe regne avec le plus d'éclat. Quel renom de puiſſance & de grandeur les anciens peuples de l'Aſie, ſi fameux par leur Luxe, n'ont-ils pas acquis ! Préſentement même que l'Aſie, malgré l'effet deſtructeur des gouvernemens qui y ſont établis, conſerve encore quelque Luxe; combien n'efface-t-elle pas l'Afrique & l'Amérique dont les malheureux habitans ne connoiſſent preſque rien au-delà des premieres néceſſités de la vie ?

Qu'on y réfléchiſſe ſérieuſement. En quoi conſiſte la force d'un Etat ? N'eſt-ce pas dans les moyens des particuliers? En quoi conſiſtent les moyens des particuliers ? N'eſt ce pas d'une part dans leur induſtrie, & de l'autre part dans les biens, de quelque eſpece qu'ils ſoient, acquis par leur induſtrie au-delà de leur ſubſiſtance? Et d'où ces biens tirent-ils leur prix? D'où l'induſtrie reçoit-elle fon activité ? N'eft-ce pas du goût du Luxe ?

AINSI, foit que l'on fe regle par les démonftrations du raifonnement , foit que l'on veuille s'appuyer fur l'autorité des faits, on reconnoîtra que le Luxe, loin d'empêcher un Etat de fleurir , eft un reffort fi néceffaire que fi vous le fupprimez, nulle nation ne peut plus être heureufe ni puiffante. Il y a plus : l'objet, pour lequel les hommes fe font réunis en fociété , eft dès-lors manqué ; puifque c'eft précifément le deffein de fe procurer des jouiffances de Luxe qui les a raffemblés. Parler contre le Luxe , c'eft parler contre la richeffe, l'aifance & les arts : c'eft s'élever contre les mêmes chofes que dans d'autres occafions on appelle en témoignage de la profpérité publique.

ON objecte que le goût du Luxe, en augmentant les defirs & les confommations de chaque individu, fait augmenter nécessairement le prix des salaires dans toutes les classes ; que l'Etat est alors dans la nécessité de payer plus cher ses stipendiaires, & que ce surhaussement de dépense, le minant par degré, finit par le ruiner. Nous pouvons aisément répondre à cela. Il est très-vrai que le goût du Luxe fait augmenter le prix des salaires : mais ce n'est pas simplement parce qu'il augmente les desirs & les besoins ; c'est parce qu'il augmente les richesses, en augmentant l'industrie, l'ardeur pour le travail, source de presque tous nos biens. Si donc, par l'existence du Luxe, le Gouvernement est obligé de payer plus cher ; il a aussi de plus grandes ressources. Sa dépense & sa recette se proportionent, & l'Etat gagne par le Luxe d'être plus heureux & plus puissant.

Ce n'est point l'avidité des stipendiaires qui décide de leur solde. Il n'y

à point de fimple fufilier dans les troupes qui ne voulût avoir le traitement
d'un Général, s'il efpéroit de l'obtenir.
Il n'y a point de fubalterne dans les bu-
reaux qui ne voulût avoir le traitement
d'un Miniftre, fi l'on confentoit à fes
demandes. Ce font les moyens réels du
confommateur qui fixent fa confommation; & ce font les moyens réels de la
maffe des confommateurs qui taxent le
prix d'une denrée exiftante. Les pré-
tentions des ftipendiaires ne peuvent
donc jamais forcer le Gouvernement
d'excéder les moyens naturels qu'il a
pour les payer. Si le ton général de la
nation exige qu'on accorde un traitement abondant à ceux que les affaires
de l'Etat obligent d'employer; ce même
ton annonce que la nation eft dans une
telle fituation qu'elle peut fournir au
tréfor public de quoi fubvenir à cette
dépenfe.

VOILA ce qui fe trouvera vrai;
toutes

toutes les fois qu'une économie éclairée par la raison, modifiée par les circonstances, telle enfin qu'elle doit être pour être sage, présidera aux dépenses publiques. On n'infirmera point cette assertion par l'exemple de quelques Royaumes où semble régner un esprit de vertige ; où pour cent moutons il y a cinquante bergers ; où la paie des soudoyés n'est pas réglée sur la fortune générale de l'Etat, mais sur la richesse de la Capitale ou de la Cour, & plus encore ; sur l'incurie avec laquelle un Gouvernement trop abandonné à sa propre prudence, trop sûr d'imposer à son gré des contributions proportionnées à ses dissipations, prodigue ses finances.

QUICONQUE propose un système, entend que les choses, auxquelles ce système doit s'appliquer, seront dans l'ordre où elles doivent être. Si le desordre prend la place de l'ordre : alors toutes les combinaisons peuvent manquer leur effet, fans que le fyftême en lui-même en foit moins jufte. Le Luxe favorife la profpérité des Etats : mais c'eft autant que la conftitution du Gouvernement n'en altere pas l'utile influence. Avec une mauvaife conftitution, il n'y plus de plan qui foit bon. Il faut bien fe garder, en raifonnant d'après des faits fur un principe politique, de lui attribuer des vices qui découlent uniquement de la forme du Gouvernement établie dans le pays où l'on obferve ces faits.

ON commet cette faute, lorfque l'on impute au Luxe de rendre les hommes vénaux, de leur ôter par-là tout efprit public, & de les difpofer à la fervitude. Les hommes ne fe vendent que quand on peut les acheter. Supprimez les facultés du corrupteur : ils refteront incorrompus au milieu du plus grand Luxe. Au contraire, quiconque aura beaucoup de graces à répandre & un grand pouvoir dans la main, fe les afservira, soit qu'ils s'adonnent au Luxe, soit qu'ils ne s'y adonnent pas. Ce n'est pas le Luxe qui les rend corruptibles : ils le font par leur propre caractere. Les hommes se donnent pour du pain comme pour de grandes sommes d'argent. Sp. Mælius aspire dans Rome à la Royauté : il gagne la moitié du peuple avec les bleds qu'il distribue ; & sans l'activité du Sénat qui découvrit le projet de Mælius, les Romains, si jaloux de leur liberté, l'auroient peut-être perdue dès-lors.

PAREILLEMENT l'esprit public ne s'affoiblit généralement dans les membres d'un Etat que quand cet esprit ne leur apporte aucun avantage ; & l'on ne renonce à la liberté que quand on désespere de la conserver. Le Luxe n'opere point ces malheureuses dispositions de l'ame. Elles proviennent d'une constitution de Gouvernement où les droits

du peuple & du Prince font mal com-
binés pour l'intérêt commun.

C'est auffi par méprife que l'on reproche au Luxe de prendre par degré
un tel empire fur les efprits qu'enfin
ceux mêmes qui s'y fentent le moins de
penchant, font contraints par bienféan-
ce, par raifon d'affaires de s'y livrer au-
delà de leurs moyens, & de facrifier
pour cela non-feulement le repos de
l'efprit, mais encore fouvent les befoins
réels ou du moins les fatisfactions les
plus douces & les plus raifonnables.
Ce défordre, dont les fuites au refte
intéreffent plus les particuliers que l'E-
tat, ne vient pas de la nature du Luxe.
C'eft encore à la conftitution du Gouvernement qu'il faut attribuer cet effet.
On ne fe jette avec ardeur dans les dépenfes outrées de pure oftentation, cette
conduite ne devient générale, que dans
les pays où la loi fléchit fous le puiffant

& n'eft forte que contre le foible; où la faveur décide de tout; où l'on ne peut fe flatter de rien obtenir avec l'aide feule de l'équité, du mérite & de la raifon; & principalement où l'argent feul ouvre prefque toutes les portes qui conduifent aux honneurs, aux dignités, aux emplois diftingués. On fent qu'alors ce n'eft point le goût du Luxe qui domine lors même que l'on paroît s'y abandonner entierement. On eft entraîné par des motifs tout-à-fait étrangers à ce goût, par des vues de vanité, d'ambition, de fortune; & même, en bien des cas, par la vue fimple de fe maintenir dans l'état où l'on eft.

En Suiffe, en Hollande, en Angleterre, on ne voit nulle part la difparate ridicule qui réfulte d'un extérieur fomptueux & d'une mifere intérieure. Les dépenfes s'y diftribuent plus judicieufement. Pourquoi cela? Les hommes ne font pas là d'une autre nature qu'ailleurs.

Ils n'ont pas un difcernement plus fin fur ce qui conftitue véritablement le bien-être; & fi l'on relevoit la dépenfe générale du total des habitans de ces contrées, & qu'on la combinât avec le nombre des habitans, on trouveroit qu'ils dépenfent par tête en commodités, en fuperflu, en luxe enfin, beaucoup plus que ne font des peuples auxquels on fe croit en droit de reprocher le luxe le plus déréglé. La bonne conduite des Anglois, des Suiffes & des Hollandois à cet égard s'explique par la conftitution politique de leur pays. L'arbitraire n'y a pas lieu. Les offices n'y font pas vénaux. La vigueur des loix, & la fageffe des inftitutions y difpenfent de courir après le crédit, après la réputation d'être riche. On peut s'en paffer parmi eux fans compromettre ni fa fûreté ni fon avancement. En quelque lieu que ce foit où regnent d'autres mœurs avec une autre conftitution de gouvernement, inutilement entreprendroit-on de

réformer ces mœurs par la voie des ex-
hortations, tant que la conftitution politique n'y fera point changée.

LES adverfaires du Luxe fentent fi
bien que les chofes de luxe font néce-
faires au bonheur des hommes & à la
puiffance des Etats, qu'ils fe gardent
d'attaquer le Luxe dans fa véritable uni-
verfalité. Leurs déclamations n'em-
braffent, comme on l'a déjà obfervé, que certaines parties du Lùxe;
quoique ces parties foient tout-à-fait du
même genre qu'une infinité d'autres
qu'ils n'appellent point Luxe.

CONSIDÉRONS avec ces cenfeurs les
chofes qu'ils qualifient de Luxe, & con-
fidérons-les comme fi elles méritoient
cette qualification exclufivement. Comptons pour rien l'identité de genre que
ces fortes de dépenfes ont avec d'autres
qu'ils ne defapprouvent point; identité
cependant qui devroit mettre ces dépenfes à l'abri de toute repréhenfion.

LES dépenses que les adversaires du Luxe condamnent, ont pour objet l'extension des commodités de la vie, la décoration, les délicatesses de toutes sortes, le faste, les plaisirs recherchés. Il faut à cet égard admettre de deux choses l'une. Ou ceux qui se permettent ces jouissances, ne consomment que leur revenu, ou ils vont au delà. Si ceux qui se les permettent ne vont point au-delà de leur revenu, ces dépenses en remplacent d'autres d'une espece différente, qui consommeroient également le revenu. Car il n'est point question ici d'épargnes. Chacun en général consomme son revenu. D'ailleurs les épargnes ne font jamais qu'une stagnation passagere. Si les amateurs des choses que l'on taxe vulgairement de Luxe, ne se renferment point dans leur revenu, il faut qu'ils y suppléent en créant par leur industrie des valeurs égales à leur dépense. Les hommes ne se donnent rien pour rien les uns aux

autres. Perſonne n'eſt diſpoſé à ſe fatiguer pour faire part gratuitement à autrui des fruits de ſon labeur.

AINSI de ces ſortes de dépenſes il
ne réſulte nul préjudice pour l'Etat,
lorſqu'elles n'excedent pas le revenu ;
puiſqu'elles ne font dans ce cas que tenir lieu d'autres manieres de dépenſer.
Quand les ſatisfactions de ce genre excedent le revenu, il en réſulte des avantages pour l'Etat ; puiſqu'elles provoquent
ainſi d'autant plus le travail & l'induſtrie
qui par leurs productions augmentent la
maſſe des valeurs & des jouiſſances nationales. On peut aller plus loin & dire que
le goût de cette ſorte de Luxe, lors même qu'il ne ſort pas des bornes du revenu, eſt plus avantageux à la République
que beaucoup d'autres eſpeces de jouiſſances. Il nourrit l'émulation parmi les
artiſtes. Il excite les recherches, les inventions. Il accélere le progrès des arts.

ON doit en conſéquence établir pour

maxime que l'opulence & la puissance d'une nation qui possede un grand territoire naissent de ses dépenses : surtout lorsque ses dépenses ont pour objet les productions nationales. Le travail est le pere de l'opulence. La terre inépuisable dans ses dons, récompense toujours la sueur de l'homme laborieux qui la sollicite, en le comblant de richesses à proportion de ses soins & de ses peines. Mais l'appas seul des jouissances encourage le travail. L'abondance des biens n'est qu'un avantage stérile, si l'on ne trouve pas à en faire un usage qui plaise. Sans l'espoir des satisfactions qu'on peut tirer de l'opulence, on ne daigneroit pas prendre la peine de devenir opulent. L'assurance, qu'on a d'échanger à son gré le superflu, est ce qui crée le superflu. C'est cette cause active qui fertilise les champs, fait fouiller les mines, enfante les inventions, les découvertes & tout ce qui rend une nation florissante & redoutable.

CHAPITRE VIII.

Discussion du sentiment de quelques Economistes modernes par rapport au Luxe *. Un bon Gouvernement doit diminuer ses dépenses pour que ses sujets ayent du Luxe. Cette maxime est préférable à l'esprit des Loix somptuaires. Heureux effets du Luxe.

Toutes les sortes de dépenses volontaires tournent au profit de l'Etat : parce que toutes provoquent le travail, & que la production suit le travail. Il n'y a de distinction à faire que du plus au moins dans l'utilité dont elles sont à la République. Les plus avantageuses sont celles qui animent le plus les arts, & dont les objets ont le plus de consistence & de durée.

Les différences, que quelques économistes modernes veulent établir par

---

* Quand on parle des Economistes modernes dans cet Ouvrage, on n'a en vue que ceux dont les sentimens y sont discutés.

rapport à la reproduction des biens de la terre entre les dépenfes qui fe payent à la claffe qu'ils appellent *productive*, & celles qui fe payent à la claffe qu'ils appellent *ftérile*, dans laquelle ils comprennent tout ce qui n'eft pas aliment ou matiere premiere, font abfolument illufoires. Ils pofent pour bafe de leur fyftême qu'une fomme, dépenfée annuellement à la culture de la terre, rapporte annuellement le double de cette fomme; & donne par conféquent un produit net égal à la premiere dépenfe. Ils prétendent enfuite que la reproduction continue, quand on dépenfe une moitié de ce produit net dans la claffe ftérile & l'autre moitié dans la claffe productive; mais que la reproduction eft arrêtée, fi l'on dépenfe dans la claffe ftérile feulement un fixieme en fus de la moitié du produit net. Cette idée n'a nul fondement. 1°. Si la moitié du produit net peut être employée fans inconvénient dans la claffe ftérile; comment un fixieme de plus qui y feroit porté,

pourroit-il nuire ? 2°. Tant que le cultivateur conservera les mêmes moyens
dont il a eu besoin pour la premiere
production , il doit en obtenir de
nouveau une semblable , de quelque
maniere que le produit net se consomme
soit dans la classe productive , soit dans
la classe stérile.

CE produit net est le produit d'une
terre , défalcation faite des avances annuelles qu'exige la culture. Les avances
annuelles , suivant ces Auteurs , comprennent la nourriture du bétail , la nourriture du Colon , ses gages , les profits
de l'Entrepreneur , l'entretien des instrumens ruraux , les intérêts des avances
primitives , sur le pied de dix pour cent.
La défalcation des avances annuelles ,
ainsi composées , embrasse non-seulement toutes les avances positivement nécessaires à la culture pour une année ,
mais encore toutes les sommes nécessaires pour l'assurer à jamais : vû que l'in-

térêt des avances primitives, fur le pied de dix pour cent, fuffit, & même avec profit, pour rétablir ces avances à mefure qu'elles dépériffent. Le fort du produit net n'importe donc pas phyfique-ment à la reproduction ?

CE revenu net, à quelque pro-priétaire qu'il appartînt, pourroit être livré en denrées. Que le propriétaire, affamé comme un autre Éréficthon, confomme feul ces denrées, ou qu'il les partage avec une troupe de gens à fon choix, ou que par bizarrerie il les brûle : dans l'un ou l'autre de ces cas il eft évi-dent que la terre n'en continuera pas moins de produire annuellement le même revenu net ; puifqu'elle a confervé les refforts de fa fécondité, qui font les avan-ces annuelles du cultivateur.

CELA pofé : comment ce revenu net, dépenfé dans la claffe ftérile au profit d'ouvriers actifs, intelligens, qui ren-dent des ouvrages pour le pain qu'on

leur donne , nuiroit-il plus à la reproduction que s'il étoit confommé par des
fainéans ou réduit en cendre ?

Ce que les écrivans dont nous parlons difent de la néceffité du retour
à la terre de tout le produit de la
terre , eft abfolument faux , non - feulement à s'en tenir à la lettre de leur
expreffion , mais encore à confidérer
l'idée qu'ils ont voulu exprimer. Nulle
partie des produits de la terre n'y retour-
ne , fi ce n'eft en fumier. On ne fait
ufage des biens de la terre qu'en les confommant. Le fort de ce qui eft porté à
la claffe productive eft à cet égard parfaitement femblable au fort de ce qui eft
porté à la claffe ftérile. Les dépenfes
prifes fur le produit net & payées à la
claffe productive, ne peuvent tourner au
profit de la production qu'autant que le
cultivateur , au lieu de les employer en
confommations de plaifir , les applique
à de nouvelles cultures. Les dépenfes
également prifes fur le produit net &

portées à la claffe ftérile, économifées &
appliquées de même, auroient le même
effet. Ainfi, nulle différence à faire
par rapport à la reproduction entre une
dépenfe & une autre.

Pour conftituer une différence entre
les effets du Luxe de fubfiftance & ceux
du Luxe de décoration, ces économiftes
mettent en fait que *les dépenfes des riches
étant tournées du côté de la fubfiftance, foutiennent le prix des productions de la meilleure qualité, & par-là entretiennent par
gradation le bon prix des autres productions à l'avantage du revenu territorial.*
Rien de plus erroné que cette propofition. La concurrence pour les vins ex-
quis, par exemple, diminue la concurrence pour les vins de moindre qualité;
& par conféquent le renchériffement des
grands vins n'influe pas avantageufement
fur le prix des vins communs. Ainfi,
la concurrence pour les productions de la
meilleure qualité, loin d'améliorer le revenu

venu territorial tourne à son préjudice. Car la maſſe des productions de qualité commune a une valeur bien plus conſidérable que la maſſe des productions de qualité fine. C'eſt la concurrence tournée vers les productions communes qui doit donner le plus grand revenu territorial. Or, le Luxe de décoration produit cet effet en multipliant infiniment les petits conſommateurs, au lieu que le Luxe de ſubſiſtance diminue leur nombre.

CE qui réſulte du Luxe autre que celui de ſubſiſtance, toutes les fois qu'il ſe ſatisfait par des acquiſitions de choſes nationnales, eſt que, ſi le revenu d'une nation, étant pouſſé à ſa plus haute valeur, ſuffit pour ſoutenir dans l'abondance un million d'hommes adonnés à la bonne-chere, ce Luxe attirera ou fera croître dans cette nation un plus grand nombre de millions d'hommes qui vivront très-ſobrement.

I. Partie.   M

IL réfulte auffi que le très-grand nombre dans cette nation fera pauvre en
matieres premieres par relation, en ce
qu'y ayant beaucoup plus d'habitans
dans le pays que la terre n'en peut foutenir dans l'abondance, il faudra que les
jouiffances du même fonds fe partagent en un plus grand nombre d'individus.

MAIS dans cette même nation dont
le revenu territorial peut foutenir dans
l'abondance un million d'hommes par
exemple, & chez qui la population s'eft
accrue à la quantité de quatre millions
d'hommes par le Luxe, autre que celui de fubfiftance, il eft à remarquer
qu'en compenfation de ce que les jouiffances d'un certain genre font plus par-
tagées, il y a les jouiffances nouvelles
de tout genre qui naiffent de l'induftrie
des trois millions d'hommes furvenus:
jouiffances telles que parmi les quatre
millions qui compofent cette nation lu-

xueuſe, il y en a peut-être un million
qui vivent par-là beaucoup plus heureu-
ſement que ne vivoit ſur le même territoire l'unique million de gourmands ſup-
poſés : jouiſſances telles que la puiſſance de cette nation en eſt augmentée ;
puiſqu'il eſt conſtant qu'un Etat eſt moins
fort par la maſſe des productions qu'il
poſſede , que par l'uſage qu'on en ſçait
faire.

IL réſulte encore que , ſi la population
d'un Etat ne fait ſa puiſſance qu'autant
qu'une partie de cette population peut
être détournée de ſon emploi ſans nuire
à la reproduction , on a par le Luxe
une plus grande quantité de nationnaux
diſponibles que l'on peut en les retirant
des arts les moins utiles , & par conſéquent , ſans nuire à la reproduction ,
employer à la guerre , à la mari-
ne , &c.

LE bien d'un Etat demande donc que

le Gouvernement favorife le Luxe, non pas en en donnant l'exemple ; mais en accordant la plus grande liberté à l'induftrie du travailleur & à la fantaifie du confommateur, & fur-tout en diminuant les dépenfes publiques autant qu'une économie bien entendue le permet pour laiffer à fes fujets le moyen de faire des dépenfes de Luxe. Les dépenfes du Gouvernement qui vont au-delà de ce qu'exigent la majefté du Trône, le maintien de l'ordre public & le bien des affaires générales, fe prennent fur le peuple fans lui rien donner en échange. Elles le plongent dans le découragement & dans l'impuiffance. Les dépenfes des particuliers en leur procurant des jouiffances les animent mutuellement au travail ; & le travail, apportant l'abondance des chofes ufuelles & confommables, enrichit l'Etat en même temps qu'il rend les fujets heureux. Le Luxe du Gouvernement (c'eft-à-dire, toutes dépenfes faites pour un objet inutile au

bien de l'Etat , & toutes dépenses portées plus haut qu'elles ne pourroient
l'être , lors même qu'elles regardent un
objet utile) est destructeur : il anéantit
l'émulation & les moyens. Le Luxe des
particuliers est fécond. Il excite l'industrie & multiplie les productions.

C'est cette maxime salutaire qu'il
faut substituer aux loix somptuaires :
loix ineptes , qui liant les bras de l'indigent , rendant la fortune du riche inutile , souffleroient la stérilité sur les terres & sur les esprits , si d'elles-mêmes
elles ne tomboient pas en désuétude. Nul
système ne peut assurer davantage le
bonheur des sujets & la prospérité des
Etats , qu'un système qui donne la plus
grande énergie au ressort le plus capable
de développer les facultés de l'homme ,
& de mettre à profit tous les trésors que
la terre nous offre. Il n'est point de
principe plus digne d'être adopté par un
Souverain , soit qu'il n'aspire qu'à se

rendre puiffant , foit que pénétré de la connoiffance de tous fes devoirs , il fe regarde comme un fidele adminiftrateur qui doit répondre à la confiance dont il eft honoré , ou comme un pere de fa- mille qui veut le bonheur de fes en- fans.

CE goût du fuperflu , goût né avec nous , qui nous a fait quitter les bois, quels heureux effets n'a-t-il pas opérés fur le globe ! confidérez-en le fpectacle. Dans les pays où le Luxe eft connu, vous voyez une immenfe quantité de villes , une innombrable population , de vaftes champs cultivés qui rapportent de riches moiffons : par-tout la fubfiftance eft af- furée : l'ordre regne & la nature eft em- bellie. Dans ces contrées que d'arts , que d'inventions, que de chofes à l'ufa- ge des hommes ! Quelle puiffance & que de jouiffances les peuples ont trou- vées dans le produit de leurs travaux ! Ils font les dominateurs du monde ; &

c'eſt chez eux que l'humaine nature atteint le plus haut dégré de bonheur dont elle ſoit ſoit ſuſceptible. Au contraire dans ces climats nouveaux, où l'induſtrie de l'homme encore enveloppée lui laiſſe peu d'activité pour le ſuperflu, les meilleurs ſols n'offrent que des déſerts ſans bornes. La nature n'y préſente qu'une ſcene informe. Ses richeſſes éparſes pêle-mêle s'y perdent dans la confuſion. L'eſpece humaine errante en petit nombre dans les forêts, ſoumiſe aux rigueurs des ſaiſons, livrée ſouvent aux horreurs de la diſette, eſt dans ſes plus heureux momens obligée de combattre pour ſa ſubſiſtance avec tous les animaux.

Fin de la premiere Partie.

THÉORIE

DU LUXE.

SECONDE PARTIE.

THÉORIE

DU LUXE;

OU

TRAITÉ

Dans lequel on entreprend d'établir que le Luxe eſt un reſſort non-ſeulement utile, mais même indiſpenſablement néceſſaire à la proſpérité des Etats.

Le ſuperflu, choſe très-néceſſaire.
Volt. Mondain.

SECONDE PARTIE.

M. DCC. LXXI.

TABLE
DES CHAPITRES
DE LA SECONDE PARTIE.

II. Partie.   a

THÉORIE

THÉORIE
DU LUXE.

SECONDE PARTIE.

CHAPITRE PREMIER.

LA proscription exacte du LUXE rameneroit à l'état primitif; cet état est très-inférieur à l'état de civilisation; les adversaires du LUXE, qui établissent des choses de LUXE & des choses de non LUXE, n'ont nulle regle pour appliquer raisonnablement leur systême.

CEUX qui déclament contre le Luxe ne se doutent pas que de conséquence en conséquence leurs principes rameneroient à l'état primitif. On ne peut attaquer aucune des chofes que l'art produit à l'ufage des hommes, qu'avec des raifons qui militent également contre toutes ces chofes. Affurément l'opinion des adverfaires du Luxe n'eft pas que les hommes gagneroient à vivre en Sauvages ifolés. Le fort d'un Orang-Outang * n'offre rien qui foit capable de tenter.

LA conduite unanime des hommes qui dans aucun pays ni dans aucun temps ne fe font bornés aux préfens fpontanés de la terre ; la répugnance extrême que tout individu civilifé, médiocrement fortuné, fentiroit, je ne dis pas fimplement pour la vie purement fauvage, mais même pour la vie des Sauvages réunis en corps de nation, quoique ceux-ci connoiffent des douceurs ignorées des hommes ifolés ; tout cela démontre que l'état primitif, fuffifant pour conferver l'exiftence, eft incomplet pour le bien-être.

---

* Ou homme des bois.

A la vérité quelques Coureurs de bois Anglois & François, habitués par la néceffité des circonftances à la maniere de vivre des Iroquois & des Hurons, s'y font enfin fixés par choix. Au contraire, aucun Sauvage n'a pu jufqu'ici s'accommoder de nos mœurs : les effais qu'on a faits pour les y plier n'ont jamais réuffi fur aucun individu pris en particulier. Seulement la communication fréquente avec les Européens a produit à la longue de légers changemens dans les nations les plus nombreufes. Il naît de-là une induction, ce femble, affez forte ; fçavoir, que notre état n'a pas réellement les avantages que nous croyons. Ces faits doivent néanmoins s'expliquer autrement.

Les Coureurs de bois Anglois & François, qui fe font fixés à la maniere de vivre des Sauvages, perdoient peu à fe féparer des Européens parmi lefquels ils jouiffoient de peu d'avantages. Ils gagnoiént de n'avoir plus fous les yeux des objets de comparaifon capables de leur rendre leur fituation plus défagréable. On pourroit encore avec vraifemblance attribuer à une certaine fingularité de caractere le parti qu'ils ont pris : car les exemples en font très-rares. A ces confidérations il s'en joint une autre plus profonde, plus philofophique, qui rend également raifon & de leur conduite & de l'éloignement que les Sauvages ont pour vivre parmi nous : fans qu'on ait fujet d'en rien conclure contre l'état de civilifation.

L'ESPRIT plus développé chez les peuples civilifés acquiert une foupleffe qui rend les hommes propres à s'accoutumer à tout ; au lieu que l'ignorance profonde des peuples Sauvages ne leur permet d'admettre que difficilement des idées nouvelles, quelque voifines qu'elles foient de celles qu'ils ont déjà ; & rend leur cerveau tout-à-fait inacceffible

à des idées éloignées de leurs conceptions ordinaires. C'eſt faute d'eſprit
qu'ils rejettent nos uſages : comme on
voit parmi nous des enfans de bonne
famille ayant en partage un eſprit groſ-
ſier, refuſer des profeſſions douces &
diſtinguées & ſe vouer à la condition
de Soldat ou à d'autres vacations dures
& peu relevées. Il faudroit une ſuite
de générations & des ſiecles d'exemples
& d'inſtructions bien ménagées pour
amener ces peuples pied-à-pied au point
d'apprécier nos mœurs. Alors, ſuffiſam-
ment éclairés, ils les préféroient aux leurs.
L'hiſtoire même des Nations Sauvages
en fournit la preuve. Quelque peu
avancées qu'elles ſoient vers la civiliſa-
tion parfaite, il ne s'en trouve aucune
parmi elles qui ait reculé d'un pas : il
s'en faut beaucoup. Celles que les
guerres ne détruiſent pas s'étudient ſuivant leurs facultés à augmenter le petit
nombre de commodités qu'elles connoiſſent ; & lorſqu'une nation, pourſuivie

avec acharnement par une nation plus puiſſante, eſt obligée de ſe diſperſer, les individus qui la compoſent ne rentrent point dans l'état primitif. Ils cherchent d'autres nations qui veuillent bien les adopter.

EN effet, qui n'avouera que, ſi la ſimple exiſtence eſt un bonheur, c'eſt le ſeul que connoiſſe le Sauvage qui n'eſt que chaſſeur : bonheur acheté par des fatigues extrêmes, par une inquiétude toujours renaiſſante ſur la ſubſiſtance, par les ſouffrances que cauſe l'intempérie des ſaiſons ; bonheur enfin qui ne peut ſuffire qu'à la plus groſſiere ſtupidité.

L'HOMME civiliſé, à le prendre même dans les dernieres claſſes de la ſociété, dès que ſon travail lui fournit ſes beſoins, a moins de détreſſes & paſſe des jours moins triſtes que l'homme Sauvage. Dans tous les climats les

hommes, qui vivent errans en petites
bandes, portent sur leur face l'empreinte
de l'infortune. Les peines excessives
du corps, les craintes continuelles frois-
sent, pour ainsi dire, leurs traits. Ces
hommes sont laids, tout en eux annonce
la mélancholie & l'accablement. L'as-
pect qu'ils présentent est un sûr garant
de leur misère. La douleur, la satisfaction, toutes les affections de l'ame se
peignent sur le visage, & même dans
toute l'habitude du corps. Elles n'y
laissent qu'une trace passagere, lorsqu'elles sont passageres. Si le sentiment est
permanent il donne aux traits une confi-
guration durable ; & le caractere qu'il
imprime se transmet de génération en
génération d'une maniere toujours plus
marquée, quand la situation des individus
ne change pas. Comparez les traits
des riches de nos villes avec les traits
des pauvres de nos campagnes, la
forme humaine dégradée dans ceux-ci,
embellie dans ceux-là, manifeste au

premier coup d'œil la différence de leur
fort.

L'HOMME, doué d'une intelligence
qui se développe peu-à-peu, & plus ou
moins suivant les circonstances, remplit
les vues dans lesquelles il a été créé,
lorsqu'il applique cette intelligence à se
procurer une vie douce & agréable.
Il vit seul & comme les brutes, tant qu'il
ne peut pas faire mieux. Il découvre
successivement l'usage qu'il peut faire
des choses qui l'environnent. Il les
employe, & rend sa condition meilleure. C'est ainsi que les Castors vivent solitairement dans les bois quand
des obstacles s'opposent à leur instinct.
Mais si rien ne les contrarie ils se réunissent sous les eaux, & s'empressent de
construire des cabannes.

RAPPELLER les hommes à l'état
primitif, ne feroit les rappeller ni à une
meilleure situation ni à leur destination
naturelle. Le Luxe des nations civilisées

fées eſt tout autant dans la nature que les mœurs ſauvages ; puiſque le Luxe procede néceſſairement de l'intelligence inhérente à l'organiſation de l'homme. L'état de Sauvage eſt un état commençant & imparfait. L'état de Luxe eſt un état plus avancé , moins incomplet. Regretter l'âge où les hommes vivoient nuds , & ſe nourriſſoient de chaſſe & de fruits agreſtes , c'eſt ſe plaindre qu'ils ayent uſé de leurs avantages , & que négligeant les dons du génie qui leur ont été faits , ils ne ſe ſoient pas reſtraints au ſort des animaux dépourvus d'entendement. Une penſée ſi fauſſe ne peut jamais venir qu'à l'eſprit d'un mélancholique égaré dans ſes rêveries , ou d'un charlatan qui s'abuſe en s'efforçant d'abuſer les autres. La magie du ſtyle le plus impoſant , employée dans ces derniers temps en faveur de cette opinion par un Ecrivain qui s'eſt dévoué aux ſophiſmes les plus étranges , n'a pas fait de proſélytes.

II. Partie. **B**

QUAND il feroit auffi vrai qu'il ne l'eft pas que les arts, comme des Philo-fophes l'ont dit, en ajoutant aux befoins des hommes, ont augmenté leurs peines; il n'en feroit pas moins abfurde de vouloir rappeller les mœurs Sauvages. Car enfin il faut toujours partir du point où font les chofes. Le retour à l'état Sauvage eft entiérement impraticable pour les nations civilifées.

AUSSI les adverfaires du Luxe ne pré-tendent-ils point ramener le genre humain dans les bois, ni le dépouiller des fruits de fon induftrie. On ne leur impute point ce ridicule deffein. C'eft à leur infçu que leur fyftême mene à ce terme. Ils admettent les vêtemens, l'apprêt des alimens & une infinité de chofes femblables. En cela même leur façon de penfer eft tout-à-fait inconfé-quente, deftituée de principes & fans nulle notion diftinéte. Le plus fimple vêtement, le moindre apprêt des ali-

mens, font inconteftablement du Luxe à
la rigueur du terme, entendu comme
l'analogie & la chaîne des idées conduifent néceffairement à l'entendre. Dès
qu'ils admettent l'ufage de fe vêtir, celui
de cuire, d'affaifonner les nourritures,
& mille autres recherches, ils approuvent donc un certain dégré de Luxe
comme raifonnable, & feulement ils
réprouventce qui paffe ce dégré; enforte
qu'ils n'appliquent le mot de Luxe qu'à
cet excès. Or, où eftiment-ils que
l'excès commence & de quelle maniere
le caractérifent-ils ? Comment établif-
fent-ils des diftinctions d'efpece entre des
chofes abfolument de même efpece ? Sur
quoi décideront-ils que telle chofe eft
Luxe, & que telle autre ne l'eft pas ?

S I je puis, fans Luxe, me couvrir
de peaux de mouton fimplement paf-
fées & taillées dans une forme qui convienne à mon corps pour m'en laiffer les
mouvemens libres; fi je puis de même,

sans qu'on me reproche aucun Luxe, pousser mon industrie plus loin, & me fabriquer un vêtement avec la laine grossierement filée de cet animal ; mérite-je d'être taxé de Luxe, lorsque, perfectionnant ma filature & ma fabrique, je m'habille d'une plus belle étoffe ? Je ne fais en cela qu'user de mes moyens & de mon intelligence pour remplir le mieux qu'il m'est possible une intention que l'on approuve, qui est celle d'être vêtu. Dès qu'on me permet de mettre le moins du monde l'art en usage pour me procurer une jouissance quelconque, sur quels principes m'interdiroit-on de déployer tout l'art dont je suis capable ? Dira-t-on que l'habileté de l'exécution constitue le Luxe ?

Si je puis sans Luxe employer à me vêtir la laine d'un animal, je puis, sans encourir de reproche, employer pareillement la dépouille de tout autre animal & toute matiere conversible en vêtement, poil-de-chevre, lin, coton, foie. Ces matieres ont le même rang dans la nature. Dès qu'elles font à ma portée, je puis indifféremment m'en. fervir felon mon difcernement ou ma volonté. Aucune n'a plus qu'une autre intrinféquement un caractere de Luxe. Il en eft de même de toutes les chofes que j'applique à mon ufage. Le genre de la matiere que j'employe ne fait pas que la chofe foit par-là plus fufceptible d'être taxée de Luxe. L'or, le plomb, les diamans, les cailloux, font des productions de la terre intrinféquement égales. Mon choix eft repréhenfible ou ne l'eft pas, fuivant que les qualités de la matiere choifie répon-. dent ou ne répondent pas à mon intention. Il n'y a pas d'autres regles en confidérant les chofes d'une maniere abfolue.

AINSI, dès que l'on ne taxe pas de Luxe l'ufage d'une commodité, la forme la plus recherchée qu'on lui donne, ni la matiere qu'on y employe ne peuvent, abſtraction faite de toute relation, lui mériter cette imputation : puiſque toutes les matieres ſont en elles-mêmes égales, & que ce ne peut être un Luxe de faire de ſon mieux ce que l'on fait. Dans les vrais principes le Luxe couſiſte à ſe ſervir d'une choſe dont on peut abſolument ſe paſſer. Ne regardez-vous point comme Luxe l'uſage d'une choſe dont on peut ſe paſſer ? Dèſlors vous ne pouvez plus acculer de Luxe la recherche dans la forme de cette choſe ni dans le choix de la matiere dont elle eſt fabriquée. Car évertuer ſon induſtrie pour rendre cette choſe auſſi commode & auſſi agréable qu'il eſt poſſible, c'eſt agir conſéquemment. La raiſon dicte de faire enſorte qu'une commodité que nous voulons avoir ſoit auſſi complette qu'il eſt en notre pouvoir de le faire.

Les ennemis du Luxe ne peuvent

donc trouver l'excès qu'ils blâment ni
dans la forme de la chofe ni dans la matiere qu'on y employe ; tant qu'ils con-
fiderent cette chofe hors de toute relation. Ils n'inculperont point de Luxe
les Péruviens parce qu'ils cimentoient
d'or fondu leurs bâtimens, ni les Chinois parce que chez eux les gens d'un
moyen état font vêtus de foie, & que
leur vaiffelle commune eft de porcelaine.
Il faut qu'ils fe rabattent fur la rareté des
chofes, fur le prix qu'elles coûtent, fur
les facultés des particuliers, fur leur
rang : c'eft-à-dire, fur des élémens vagues, fur des bafes variables, arbitraires, & même tout-à-fait incertaines.

UNE denrée eft rare aujourd'hui :
elle devient commune avec le temps
par les foins qu'on prend de la multiplier. On paye chérement une invention dans fa nouveauté : on l'achete enfuite à vil prix, lorfqu'un grand nombre
d'ouvriers s'adonne à travailler dans ce

genre. Cette denrée, cette invention, sera donc un Luxe dans un temps, & ne le sera pas dans un autre ? Mais lorsqu'on taxe de Luxe ceux qui se procurent ces choses, sur quoi se détermine-t-on ? n'est-ce pas sur leurs facultés ou sur leur rang ?

A l'égard des facultés : qu'y a-t-il de plus mobile, de plus inconnu que les facultés d'un particulier ? Qu'y a-t-il de plus versatile que l'emploi de ces facultés ? Vous taxez de Luxe un homme qui fait des dépenses d'un certain genre, parce que vous ne supposez pas que sa fortune admette ces dépenses. Cependant elle les admet : elle est plus considérable que vous ne pensez : ou bien cet homme épargne sur des objets sur lesquels vous n'épargnez pas ; il se met par-là en état de se satisfaire sur les objets que vous condamnez. Dans l'un ou l'autre cas vous l'inculpez mal à-propos. Quand un homme fait des dépenfes de Luxe , il eft prouvé par le fait qu'il a pour le moment au-moins le moyen de les faire. Il eft fans reproche fi ces dépenfes ne portent point atteinte à fon bien-être. Détériore-t-il par-là fes affaires : alors ce n'eft point fon goût pour le Luxe qui doit lui attirer le blâme : c'eft fon inconduite. Il en courroit un pareil blâme quand il fe dérangeroit par toute autre forte de dépenfes , ou même par la pareffe. Tout fe réduit pour ceux qui fe ruinent par le Luxe , à la faute qu'ils font par rapport à eux-mêmes de dépenfer plus qu'ils ne devroient. La maniere dont ils dépenfent plus qu'ils ne devroient aggrave peut-être leur faute au moral. Mais cette faute plus ou moins grave par rapport à eux-mêmes, eft nulle par rapport à l'Etat , feul point dont il eft ici queftion.

A l'égard du rang : outre que l'orgueil établit arbitrairement plus de claffes que le bon ordre de la fociété n'en exige , & plus que les loix n'en conftituent , il femble que la dignité n'autorife pas à fe permettre des chofes qui pourroient devenir pour les autres d'un mauvais exemple ; & que par conféquent fi une chofe eft Luxe pour le commun des habitans, le rang de celui qui fe la permet , ne doit pas lui ôter cette qualification. D'ailleurs l'ordre des rangs varie fuivant mille circonftances. La politique du Prince , fa fantaifie , celle du public, éleve & rabaiffe tour-à-tour & des particuliers & même toute une claffe de citoyens. Ce qui étoit Luxe pour ces perfonnes avant leur faveur ceffe donc alors de l'être , & redeviendra Luxe pour elles quand le moment de leur faveur fera paffé.

QUE penfer d'un fyftême qui ne porte fur rien de fixe , fur rien de général , & qu'on ne peut jamais être fûr d'appliquer à propos. N'a-t-il pas toutes les marques qui caractérifent des idées fuperficielles, confufes & fans juftefse. A en juger par cela feul, un pareil fyftême peut-il être jamais une regle de politique ? Combien plus n'eft-il pas à rejetter, quand on réfléchit que, pour l'admettre un moment, il faut faire violence à fa raifon, & reconnoître gratuitement des diftinctions de Luxe & de non-Luxe entre des chofes qui font au fond abfolument de même efpece, qui partent du même efprit & qui, ftrictement parlant, ne font pas plus néceffaires les unes que les autres ?

PUISQUE toutes les jouiffances dues aux arts font au fond également de Luxe, ou fi on l'aime mieux, font de la même efpece, du même caractere, ont le même motif pour origine, produifent toutes le même effet général qui eft de donner des fenfations agréables ou d'en épargner de pénibles ; ne fommes-nous pas en droit de conclure malgré les déclamations des rigoristes, qu'il n'y a point de différence à faire entre ces jouissances, ni au moral ni au politique ; & qu'elles ne peuvent être chez les particuliers plus préjudiciables au bien public les unes que les autres.

VAINEMENT diroit-on que l'état des choses introduit par la formation des grandes sociétés & par le progrès même des arts oblige de distinguer ces jouissances, & de qualifier les unes de *nécessaires*, les autres de *superflues*.

IL est bien vrai que l'état présent de la société nous ôte les moyens de trouver notre subsistance dans les dons spontanés de la terre, & que non-seulement il nous oblige de prendre notre nécessaire le plus étroit dans des productions de l'art, mais même qu'il nous constitue un nécessaire factice, ou si l'on veut d'habitude devenu par la coutume &

par les circonſtances, preſque auſſi impérieux que s'il étoit naturel.

S'ENSUIT-IL de-là que le vrai néceſſaire dans l'état de ſociété, & à plus forte raiſon le néceſſaire factice, en quelque cercle qu'on le circonſcrive, ſoit fourni par des inventions émanées d'un eſprit différent de celui qui nous a conduit à des jouiſſances plus recherchées ? Si ces inventions qui fourniſſent le néceſſaire dans l'état actuel ont élevé l'homme au-deſſus de l'état primitif, ont rendu les ſociétés puiſſantes, pourquoi ne voudroit-on pas reconnoître que les inventions qui portent les jouiſſances plus loin, étant de la même cathégorie, procédant du même eſprit, produiſant le même effet général, contribuent pareillement pour leur part à la force, à la proſpérité publique ?

LE néceſſaire tel qu'on prétend l'aſſigner pour chacun ſelon ſon état, eſt tellement d'opinion , eſt ſi peu fondé ſur les beſoins naturels de l'homme , en un mot eſt ſi improprement appellé de ce nom, qu'il varie à l'infini, non-ſeulement d'une claſſe des habitans d'un Royaume à une autre claſſe ; mais encore d'un indi-vidu d'une claſſe à un autre individu de la même claſſe.

CETTE différence dans la compoſi-tion de ce que l'on appelle habituelle-ment le néceſſaire : différence que l'on établit ſur des convenances , ſur des relations , adminiſtre une preuve ſen-ſible de l'identité de genre qui ſe trouve entre le ſuperflu & ce néceſſaire pré-tendu. Cette identité ſubſiſte conſtam-ment entre ces choſes , quoique l'état de ſociété demande qu'on les diſtingue. Elle eſt inadmiſſible parce qu'elle eſt fon-damentale , abſolue ; & la diſtinction, introduite par l'état de ſociété n'étant que relative , s'éclipſe devant elle.

D'AILLEURS perdons de vue l'état

primitif, & reconnoiſſons pour un moment que, dans l'Etat où nous vivons, il y a une différence eſſentielle entre le ſuperflu & le néceſſaire, quoique l'un & l'autre ſoient donnés par les arts. Que gagneroient à cela les antagoniſtes du Luxe?

LE dernier point, auquel un homme peut ſe réduire dans l'état actuel de la ſociété, eſt le vrai néceſſaire actuel. Nulle autre regle ne peut être bien aſſiſe. Tout ce que l'on ajoute à ce dernier point, eſt délicateſſe, commodité, ſuperflu, Luxe. Ma fortune, mon rang, mes facultés, qui m'autoriſent, ſuivant les préjugés reçus, à me conſtituer un néceſſaire compoſé de beaucoup de commodités & de recherches, ne changent ni la nature de ces choſes ni l'effet des dépenſes qu'elles entraînent. Ainſi ce qui eſt Luxe pour le dernier homme du dernier ordre des habitans d'un Royaume, eſt eſſentiellement Luxe pour tout autre homme de ce Royaume, quelque élevé en dignité, quelque riche qu'il soit. Car tous les hommes sont de même nature. Or si le riche, l'homme élevé en dignité & chacun à proportion selon son rang & sa fortune, peut, sans nuire à l'Etat, étendre ses jouissances au-delà du nécessaire convenu pour le dernier homme du dernier ordre; toutes les jouissances qui passent ce terme, étant essentiellement Luxe, il faut reconnoître que le goût du Luxe ne porte point atteinte au bien public, même lorsque ce goût n'est mesuré ni sur le rang ni sur les facultés de ceux qui s'y livrent. Le Luxe n'acquiert point une nouvelle nature par son union avec le rang ou la fortune, & par conséquent ses effets par rapport à la machine politique, sont les mêmes, soit qu'il se trouve ou non accompagné du rang ou de la fortune.

CHAPITRE

CHAPITRE II.

QUOIQUE quelques Economistes modernes paroissent combattre le LUXE ; ils ne sont pas cependant opposés à l'usage des choses désignées par le mot LUXE dans notre langue. Ils donnent à ce mot un sens totalement différent du sens qu'il a eu jusqu'ici. Définition qu'ils donnent de ce mot. Examen de la définition qu'ils en donnent. Motif de cette définition *.

NOUS ne comptons point parmi les adversaires du Luxe quelques Economistes modernes, qui paroissent l'attaquer dans leurs écrits. En cela ils font illusion au Public. Ils ont absolument dépouillé le mot Luxe du sens qu'il a dans notre langue. Quand ils parlent du *Luxe*, ils ne veulent point

---

* On n'a en vue dans ce Chapitre que les Economistes dont les sentimens y sont discutés.

II. Partie. C

parler de ce que l'on entend en françois par *Luxe*; ils ont les mêmes principes que ceux qui font établis dans ce
Traité. Ils difent que *fi le propriétaire*
des productions travaille pour les multiplier
le plus poffible au-delà des portions nécef-
faires à fa fubfiftance & à celle des agens
de la culture, il faut qu'il ait pour motifs
déterminans d'une part l'affurance de la
paix & de la liberté de jouir; de l'autre la
certitude d'échanger l'excédent pour fe pro-
curer des jouiffances variées par l'induftrie
(a); *que fans l'induftrie, le commerce*
& les arts, il n'y a point de jouiffan-
ces variées, utiles & agréables & BIEN-
TOT PLUS DE FRUITS NI D'HOMMES
DISPONIBLES (b). Les jouiffances variées
par l'induftrie, procurées par le commerce & par les arts, font ce que nous

---

(a) *Ephémérides du citoyen* par M. l'Abbé Bau-
deau, année 1767. tom. II. Partie premiere, n. 4.
pag. 89 & 90 *des Hérédités foncieres.* Ce Journal eft
continué depuis Mai 1768 par M. Dupont.

(b) *Ibid.* tom. III. Partie 2. n. 2. pag. 162. *Vrais*
Principes du droit naturel.

entendons & ce que l'on entend en
françois par *Luxe.* Sans ces jouïſſances
ils penſent qu'il n'y auroit BIENTÔT
PLUS DE FRUITS NI D'HOMMES DIS-
PONIBLES. C'eſt auſſi ce que nous ſou-
tenons.

Ils appellent *Luxe l'interverſion de*
l'ordre naturel, eſſentiel des dépenſes natio-
nales qui augmente la maſſe des dépenſes
non productives au préjudice de celles qui
ſervent à la production & en même tems 'au
préjudice de la production elle-même (a).
La conſéquence qui réſulte de cette longue définition, eſt que ſes auteurs ne
voient point de Luxe dans les dépenſes
de quelque eſpece qu'elles ſoient, ex-
cépté dans celles qui entament les avances néceſſaires à la reproduction ou néceſſaires à l'amélioration de la culture.
De maniere que, ainſi qu'ils s'en ex-
pliquent eux-mêmes (b), *la* MAGNIFI-

_____

(a) *Eph. du cit.* année 1767. tom. I. troiſieme Partie,
n. 1. pag. 202 & 203 *du Luxe & des Loix ſomptuaires,*
    (b) *Ibid.* pag. 104 & 105.

CENCE QUELCONQUE N'EST POINT UN LUXE quand elle n'enleve point aux avances productives la portion qui leur eſt due. La dépenſe LA PLUS PARCIMO- NIEUSE EST LUXE quand elle eſt faite aux dépens de la production. Un extrava- gant vend ſes biens ſans les avoir dégra- dés ; il en diſſipe le prix. IL N'Y A POINT LA DE LUXE. Un avare pour entaſſer de l'argent dans ſon coffre-fort , épargne la culture de ſes fonds. IL Y A LA UN VRAI LUXE.

Certes cette nomenclature eſt très-étrange. A de pareilles idées quelqu'un reconnoit-il les ſiennes ſur le Luxe? Non ſans doute. Quoi! l'avare, qui ſe prive de tout & qui dans la crainte de ſe deſſaiſir de ſon argent, ne fait pas les frais néceſſaires pour la culture de ſes terres , EST UN LUXUEUX ! Le prodigue, qui diſſipe ſes biens en équi-pages, en voluptés , en décorations, N'EST PAS UN LUXUEUX ! On ne ſçait où l'on en eſt.

NE pourrions-nous pas demander à ces politiques de quelle autorité ils veulent enlever aux choses d'agrément & de commodité le nom de Luxe qu'elles ont dans notre langue ; & pourquoi ils veulent que ce mot, au lieu du sens qu'il a constamment, ait celui de dépenses nuisibles au maintien de la culture ou à son extension ? N'est-ce pas confondre les idées au lieu de les débrouiller ? D'ailleurs à quoi bon donner un nom commun à ces dépenses ? Elles ont des causes de nature trop discordante & qui operent d'une maniere trop différente, telles que la paresse, la malhabileté, l'esprit litigieux, les impôts, l'ivrognerie, l'amour de la bonne-chere & mille autres, pour qu'on puisse dans la plus grande partie des cas s'exprimer bien exactement & se faire entendre bien clairement en les désignant toutes par un nom commun : fût-il inventé exprès. A plus forte raison les indique-t-on mal quand on leur donne pour nom générique un mot admis & connu déjà pour fignifier toute autre chofe.

On pourroit douter auffi que cette définition eût pour fondement des notions bien nettes & bien juftes à quelque mot qu'elle fe référât. Selon ces Philofophes, *les dépenses qui augmentent la masse des dépenses non-productives au préjudice de celles qui servent à la production & en même temps au préjudice de la production elle-même, font une interverſion de l'ordre naturel, essentiel des dépenses nationales.*

1°. Que fait là le mot *nationales ?* Il apporte de l'obfcurité. Il n'eft pas même dans le fens de la définition. Car la définition embraffe les dépenfes tant particulieres que nationales, & même encore plus les dépenfes particulieres que les dépenfes nationales.

2°. Leur but dans cette définition, tel qu'ils le préfentent eux-mêmes en d'autres termes, eft de dire non-feulement que la diffipation des avances né-

ceſſaires au maintien d'une culture actuelle eſt une *interverſion de l'ordre*,
mais encore que *ſi une terre qui rappor-
toit ſix mille livres moyennant trois mille
livres de miſe, a ſouffert des accidens de
maniere qu'elle ait beſoin pendant quelques
années de quatre mille livres au lieu de
trois mille pour produire ſix mille livres, le
propriétaire DOIT, SUIVANT L'ORDRE,
y mettre ces mille livres de plus.* TOUT
AUTRE emploi de ces mille livres eſt
dans le cas de la définition, c'eſt-à-dire,
eſt, ſuivant la définition, *une interverſion
de l'ordre naturel des dépenſes.* Ainſi lorſqu'un cultivateur n'épargne pas ſur ſon
revenu pour porter ſes terres à leur plus
grande valeur, quoiqu'il ne puiſſe épargner, ſans ſe réduire à une vie très-dure,
la dépenſe qu'il fait eſt, ſuivant la définition, *une interverſion de l'ordre naturel
eſſentiel des dépenſes.* On ne conçoit pas
cela. L'ordre *naturel* des dépenſes eſt
d'aller au plus preſſé, eſt de ſe donner
ſes beſoins avant que de ſonger à deve-

nir plus riche. Se réſoudre actuellement
à des privations pour augmenter ſon revenu dans la ſuite, eſt en quelque ſorte
ſurnaturel. Il faut pour cela de la prévoyance & une certaine force d'eſprit
capable de réſiſter au penchant *naturel*
qui porte à jouir. Eclairciſſons ceci par
un exemple. Un homme eſt chargé
d'une nombreuſe famille. Il a quatorze
enfans. Le revenu de ſa terre, quoique
moindre qu'il ne ſeroit, s'il employoit
une plus grande partie de ſon revenu à
la cultiver, lui ſuffit pour entretenir ſa
maiſon ſur un pied médiocre. Il ne pourroit prendre ſur ſon revenu pour améliorer le produit de ſa terre qu'en ſe ré-
duiſant lui & toute ſa famille au pain &
à l'eau. S'il ne le fait pas, ces Economi-
ſtes décident qu'il y a *interverſion de
l'ordre naturel* dans ſes dépenſes. Qui
penſera comme eux!

3°. *L'INTERVERSION de l'ordre* expri-
mée dans la définition eſt préſentée com-

me une faute où tous les citoyens de quelque état ou profession qu'ils soient, peuvent tomber. Cependant cette *interversion* n'est pas au pouvoir de tout le monde. Le Gouvernement qui spolie le cultivateur, ou le cultivateur lui-même par un acte libre de sa volonté, & les propriétaires qui afferment leurs terres, ceux-ci dans un petit nombre de cas, peuvent seuls intervertir l'ORDRE *des dépenses qui augmente la masse des dépenses non productives au préjudice de la production.* Les stipendiaires du Gouvernement, tous ceux qui composent les classes industrieuses, lesquels n'ont pas un pouce de terre à exploiter, sont physiquement hors d'état de commettre cette interversion; & même le plus souvent les propriétaires qui afferment leurs terres, ne peuvent pas la commettre. Les Auteurs de la définition, en énonçant leur regle d'une maniere générale comme ils font au lieu de la particulariser & de la borner, comme ils l'auroient

dû faire, au Gouvernement, au cultivateur & en certains cas aux propriétaires qui afferment leurs terres, s'expriment non-seulement sans précision,
mais aussi sans justesse.

4°. LES économistes que nous criti-
quons ont imaginé la définition dont il
s'agit, parce qu'ils attribuent les plus funestes conséquences pour l'Etat à la dissipation des avances annuelles & primitives
nécessaires à la culture, lors même que
cette dissipation est le fait du Cultivateur
& non du Gouvernement. Cependant
dans un grand Etat, peuplé d'hommes
vigilans & laborieux, la dissipation de
ces avances, lorsqu'elle est occasionnée
par un goût désordonné du Cultivateur
pour les dépenses de jouissances, n'ap-
porteroit qu'un préjudice insensible, ou
même ne préjudicieroit pas à la production ; & cela par les raisons suivantes.
On ne peut supposer avec vraisemblance
qu'un grand nombre de Cultivateurs à

la-fois se conduisent si mal. Il faut se
fier au bon sens des hommes. En outre,
les moyens qui sortiroient ainsi des mains
d'un petit nombre de Cultivateurs dérangés passeroient rapidement dans celles de
différens hommes qui prendroient leur
place. L'intérêt, ce grand mobile, ga-
rantit cette marche. De plus, le goût des
dépenses de jouissances ne pourroit être
répandu jusques-là parmi les Cultivateurs
sans être très-général dans les autres classes de citoyens. Or, ce goût ne peut être
très-général dans les autres classes de citoyens sans exciter généralement une
activité dans la circulation, une ardeur pour le travail, dont le résultat
compenseroit avantageusement les effets
du déréglement de quelques particuliers.
La mauvaise conduite d'un Cultivateur
amene sa ruine sans que, dans ce cas-là,
par la combinaison des causes qui la
provoquent, l'Etat en souffre de dommage.

Il semble qu'au lieu de cette défi-

nition embrouillée qui porte fur des
idées inexactes ou confufes, ils auroient
dû fe contenter de dire que le Gouvernement ne peut entamer les avances néceffaires à la culture, fans diminuer le
revenu territorial, & que les encourage-
mens donnés à l'Agriculture font une des
fources principales de la richeffe d'une
nation & de la puiffance du Prince.
Cette vérité, à laquelle fe réduit tout
ce que l'on peut tirer de raifonnable de
leur définition, eft fi claire, fi importante, fi féconde pour le bien public,
qu'elle eût gagné à être énoncée fimplement.

MAIS ils avoient commencé par fe
déclarer indéfiniment contre le Luxe,
comme nuifible à la production. Ils
avoient même donné un *TABLEAU* hiéro-
glyphique pour pro uver que toutes dépenfes qui excedent la moitié du produit
net du revenu, faites dans la claffe qu'ils
appellent *ftérile*, c'eft-à-dire, faites en
autre chofe qu'en alimen s ou en matieres

premieres, nuifent à la reproduction. On leur a fait fentir que ce fyftême étoit faux. On leur a dit 1°. que les avances annuelles & primitives néceffaires à la culture étant confervées, nulle dépenfe prife fur le produit net, fût-elle faite pour acheter des diamans de Golconde, ne pouvoit nuire à la reproduction, puifqu'avec ces avances on auroit de quoi obtenir une feconde production égale à la premiere, tant que les élémens du globe fubfifteroient les mêmes, de quelque maniere que le produit net fût diffipé. 2°. Que les avances annuelles & primitives néceffaires à la culture étant confervées, toutes dépenfes, prifes fur le produit net, faites de bon gré par les propriétaires du revenu pour des objets nationaux ne peuvent que favorifer la culture en augmentant près de la production le nombre des confommateurs en état, par leur travail & par leur induftrie, de donner pour les denrées dont ils ont befoin un prix agréa-

ble au Cultivateur. D'où l'on a con-
clu que les dépenses prises sur le produit
net de quelque nature qu'elles soient ne
préjudicient point à la culture ; & que
par conséquent les dépenses de Luxe,
sur-tout lorsqu'elles sont faites pour des
choses nationales, loin de nuire aux terres, leur sont favorables. Forcés par ces
raisons, ils ont, dans le fait, abandonné
leur premiere assertion, en paroissant
néanmoins y persévérer ; & pour ne pas
démentir trop ouvertement leur ancien
langage, ils ont dénaturé les termes &
imaginé la définition que nous venons
d'analyser. En attachant ainsi au mot
Luxe des idées qu'il n'a jamais compor-
tées, ils ont formé un vain phantôme ;
& combattant ce phantôme à outrance,
ils croyent avoir l'air de maintenir ce
qu'ils ont d'abord avancé au sujet du vrai
Luxe; quoique en même temps ils préco-
nisent sous d'autres noms sous ceux de *fafte*, de *magnificence &c.* ce même Luxe qu'ils
ont ci-devant décrié. De-là naissent dans

leursouvrages une obscurité presque mys-
tique, une foule de paralogismes, de va-
riations& de contradictions qui gâtent des
écrits, d'ailleurs précieux, dans lesquels,
à cause des vues excellentes qu'ils renferment, & des intentions tout-à-fait estima-
bles de leurs auteurs, on voudroit ne rien
trouver de repréhensible *.

QUOI qu'il en soit, de quelques termes qu'ils se servent pour exprimer leurs
opinions, toujours est-il vrai qu'ils tiennent actuellement pour principe que sans
les jouissances variées par l'industrie procurées par le commerce & par les arts,
il n'y a bientôt plus de fruits ni d'hommes
disponibles ; principe qui s'accorde parfaitement avec notre doctrine sur le Luxe.

---

* Les Économistes modernes ont droit à la re-
connoissance publique. On leur a l'obligation de plusieurs découvertes dans la science de l'Economie
politique, telles que la distinction du PRODUIT
NET d'avec la réproduction totale ; la nécessité de
la conservation des AVANCES ; le tort énorme causé
par les CORVÉES, &c. &c. &c. Ils ont sur-tout le
mérite très-grand sans doute d'avoir tourné l'attention de la nation sur les matieres les plus intéres-
santes pour son bonheur.

CHAPITRE III.

LE sens primordial du mot LUXE est restraint dans l'usage ordinaire ; il exprime alors un vice relatif aux circonstances où se trouve le particulier qui use des choses taxées de Luxe, & non à l'usage de ces choses. Ce vice n'intéresse pas l'Etat politique. Les riches, qui se livrent au Luxe, ne jouissent point aux dépens du pauvre. Le Luxe ne nuit point à la population.

LE véritable sens du mot *Luxe*, qui embrasse tout ce qui n'est pas exactement de nécessité, est le plus souvent dans l'usage ordinaire restraint par une espece d'antonomase à signifier les dépenses de faste, de commodité & d'agrément ruineuses pour ceux qui les font, ou scandaleuses en ce qu'elles s'écartent trop de la coutume suivie communément

munément dans l'ordre de citoyens où
l'on eft claffé.

De cette maniere le mot *Luxe*, dans
l'emploi qu'on en fait le plus habituellement, n'eft qu'un terme vague, ou s'il
défigne quelque chofe de pofitif, c'eft
quand on l'applique expreffément à une
perfonne en particulier. En ce cas il exprime feulement une idée fixée fur cette
perfonne par la comparaifon que l'on
fait de fa dépenfe avec ce que l'on croit
appartenir à fa pofition : idée par conféquent variable à l'infini fuivant les circonftances de l'objet comparé, & arbitraire, puifqu'elle dépend de l'opinion
de chacun.

Dans cette acception le mot *Luxe*
eft purement relatif. Il indique alors un
vice réel qui ne confifte point dans l'ufage des chofes taxées de Luxe, mais qui
confifte entierement dans les circonftances où fe trouve le particulier qui
ufe de ces chofes : un vice qui com-

promet uniquement les intérêts du particulier que l'on blâme, & nullement l'intérêt de l'Etat.

U N E qualité relative n'a d'action que dans la sphere des co-relations qui la constituent. Hors de-là, cette qualité n'existe même pas, loin d'agir en quelque maniere que ce soit. Le Luxe relatif résulte de circonstances absolument propres à tels ou tels particuliers. Car, hors des circonstances propres à ces particuliers, il n'existe plus. Les mêmes dépenses, les mêmes jouissances qui, par rapport à eux, sont qualifiées de Luxe, perdent cette qualification, dès qu'il s'agit de personnes plus riches ou plus élevées. Le Luxe relatif ne peut donc influer que sur les affaires de ceux à qui on le reproche, & le dommage qu'il leur cause, ne s'étend point jusqu'à l'Etat : devant qui les rapports de la fortune d'un particulier avec sa dépense s'anéantissent entierement.

LE vice du Luxe relatif n'eſt autre que le vice de ne pas borner ſa dépenſe à ſon revenu, à ſa condition ; & le mot de Luxe employé pour ſignifier cette faute, ne comporte rien au-delà, ſi ce n'eſt qu'il indique la maniere dont on dépenſe plus que l'on ne devroit faire.

OR, pour peu que l'on ſoit accoutumé à conſidérer les choſes d'une maniere générale, à les embraſſer dans leur enſemble, on ſçait qu'un particulier ne dérange point ſes affaires ou ne ſe rend point repréhenſible par ſes dépenſes qu'il n'enrichiſſe ou du moins qu'il ne faſſe vivre par là d'autres particuliers. On ſçait que ces dépenſes, quelles qu'elles ſoient, ſe faiſant dans le ſein de la nation, allant, pour ainſi dire, de la main gauche à la main droite, n'apportent point de détriment au corps polique. Donc le Luxe relatif, n'étant qu'une des manieres de dépenſer plus que l'on ne devroit, ne peut nuire à l'Etat : puiſque aucune des manieres, dont les particuliers peuvent dépenser au-delà de ce qu'ils devroient, ne lui cause de préjudice.

CERTAINEMENT les satisfactions du Luxe peuvent être en bien des cas condamnées avec fondement dans la chaire & dans les ouvrages où l'on donne aux hommes des conseils sur leur conduite pour leur avantage privé. Le Luxe disproportionné aux facultés effectives, fournit un juste sujet de blâmer les personnes qui s'y livrent sans retenue. Ce Luxe est encore répréhensible, quoique proportionné à la fortune, lorsque les dépenses qu'il entraîne, & les recherches que l'on se permet, sortent de la modestie & de la modération imposée à chaque citoyen.

MAIS ce qu'il y a de vicieux dans ces deux cas n'intéresse point la politique ; & ne nuit qu'aux individus sur qui tombent de pareilles inculpations. La politique, qui ne voit tout qu'en masse, n'eſt point touchée d'un petit nombre d'inconvéniens particuliers. Elle ne s'arrête point à la folie d'un citoyen dont le Luxe déréglé ruine les affaires, ou provoque la cenſure publique. Elle trouve dans le goût du Luxe en général un principe d'encouragement au travail, & dans le travail un principe de richeſſes & de jouiſſances ſans bornes, d'où réſultent la puiſſance de l'Etat & le bonheur des ſujets. Elle ne peut qu'approuver ce goût & ne ſçauroit adopter le mot de *Luxe*, en tant qu'il ſignifie une choſe vicieuſe. « Le terme de *Luxe*, » dit *MELON*, *Eſſai politiq. ſur le Comm.* » *chap. IX.* eſt un vain nom qu'il faut » bannir de toutes les opérations de po-» lice & de commerce, parce qu'il ne » porte que des idées vagues, confuſes, » fauſſes, dont l'abus peut arrêter l'in-» duſtrie dans ſa ſource ».

LES méprifes où l'on eſt tombé & où l'on tombe en raiſonnant ſur le Luxe, tirent leur origine de la faute que l'on fait d'en juger à l'égard d'une nation, comme on en juge à l'égard d'un particulier. Il est tout-à-fait essentiel de distinguer ces rapports l'un de l'autre.

Un objet se montre différemment suivant le point de vue sous lequel on l'envisage. Un pere recommande avec beaucoup de raison l'économie à ses enfans. C'est le moyen d'assurer leur subsistance & leur fortune. Il ne voit que leur intérêt. L'Etat au contraire trouve mille avantages dans le goût de la dépense, qui, donnant plus de mouvement à la circulation, anime l'industrie, augmente les productions de tous genres & remédie à l'inégale distribution de la propriété des biens par une répartition quotidienne de l'usufruit.

Le goût du Luxe satisfait sans mesure, peut, comme les autres goûts, ruiner les particuliers qui s'y livrent in-

confidérément. Qu'arrive-t-il de-là?
Leur fortune, en fortant de leurs mains,
paffe à d'autres familles induſtrieuſes &
plus ſages. Un traitant, un favori riche
des dépouilles du peuple, éleve pour
fa demeure un édifice fuperbe. Il en
orne les dedans avec magnificence ; il
appelle à lui toutes les voluptés & prodigue avec oſtentation toutes les dépenſes. Son Luxe énorme indigne les
gens de bien ; il les indigne à juſte titre.
Cette montre de tant de richeſſes, qui
ne ſont proportionnées ni au mérite ni
aux talens du poſſeſſeur, ſouleve l'é-
quité naturelle. Mais ce Luxe, qui con-
ſacre publiquement l'impudence de celui qui l'affecte, n'eſt point préjudiciable à l'Etat ; il lui rend le ſang dont on
l'avoit épuiſé.

L'ESPRIT de Luxe, s'agitant ſans
ceſſe pour trouver des agrémens nouveaux & des commodités nouvelles, en-
gendre, à la vérité, beaucoup de choſes

frivoles. Cependant, quelque féduifant que l'on fuppofe le goût des chofes frivoles, on n'a point à craindre qu'il s'empare tellement de tout un peuple qu'il ait la manie de négliger l'utile ou le vrai commode, & qu'il confacre fon temps, fa peine & fon induftrie pour fe procurer des colifichets par préférence. On ne verra perfonne fe priver de pain pour avoir des magots fur fa cheminée, ni fe paffer de chauffure pour porter des dentelles. Les bagatelles n'ont d'attrait que pour les gens qui ne fentent aucun befoin. La raifon gouverne toujours les hommes dans les chofes qui tombent fous leurs fens. Au moins leur organifation ne leur permet pas alors de fe tromper longtemps. Ils s'égarent aifément en fait d'opinions théoriques, & quelquefois ils ont peine à revenir de leur erreur. Il en eft autrement, lorfqu'ils fe méprennent dans des points pratiques. Les fenfations qu'ils éprouvent, les redreffent promptement. Elles excitent en eux

des appétits plus ou moins impérieux,
selon que les choses intéressent plus ou
moins d'abord leur conservation, ensuite l'agrément de leur existence. C'est
dans cet ordre imperturbable, & suivant, pour ainsi dire, les loix d'une espece de statique, que les sensations agis-
sent sur eux & qu'elles les déterminent.
La conduite des hommes pris en masse
dans tous les pays & dans tous les tems,
dépose en faveur de cette observation.
La conduite même de quelques particuliers dont les écarts sembleroient fournir des exceptions, confirme ce que nous
venons de dire, quand on suit ces particuliers dans le cours total de leur vie.

La comparaison que l'on fait de l'é-
tat misérable d'une grande partie du
peuple avec la profusion des riches en
choses de pur agrément, irrite contre le
Luxe & porte à le regarder comme un
désordre. On se courrouce, lorsque
l'on voit des familles entieres languis-

santes manquer du plus étroit néceffaire,
tandis que d'autres dépenfent à pleines
mains en fafte, en frivolités, en vains
plaifirs. Pourquoi, s'écrie-t-on, des hommes nés égaux, ont-ils un fort fi différent! La fenfibilité trouble alors le jugement. On reproche amérement aux
riches leurs jouiffances, comme fi ces
jouiffances étoient prifes fur la fubfiftance du pauvre, & comme fi les pauvres n'éprouveroient pas plus de dé-
treffes encore, fi les riches enfouiffoient
leurs tréfors. Nous fommes auffi touchés
qu'on le peut être de commifération
pour les infortunés qui gémiffent fous le
fléau de l'indigence; mais qu'il nous foit
permis de defirer que l'attendriffement
fur le fort de nos freres malheureux n'a-
veugle point & ne rende point injuftes
ceux qui les plaignent.

La profpérité d'un Etat porte effentiellement fur le droit de propriété. Si
la jouiffance des fruits de mon induftrie,

si mes épargnes, mes acquisitions ne me
font pas assurées de la maniere la plus
sacrée, ensorte que j'en aie la pleine &
entiere disposition, mon émulation s'é-
teint. Je préfere les douceurs du repos à
la peine d'un travail stérile pour moi. Le
tien & le *mien* sont également fondés
sur la nature, la justice & la raison. Les
hommes ont par-tout reconnu cette vérité ; & par-tout la maintenue du droit
de propriété a été la premiere institution
des sociétés naissantes.

D'APRÈS ces principes, un citoyen,
propriétaire légitime d'un bien, a le
droit d'en jouir à son gré dans tous les
cas où les loix consenties par tous n'y
mettent pas de restrictions. La société
a intérêt de respecter ce droit, non-seulement pour que chacun soit sûr de jouir
de son bien ; mais encore parce que cette
assurance encourageant les particuliers
au travail produit une abondance dont
le corps politique se ressent. Ce prin-

cipe eſt ſi vrai qu'en combinant enſemble l'intérêt de la génération préſente & celui de la poſtérité, même abſtraction faite de toute vue d'équité, à quelque point que l'on eût à cœur de favoriſer les pauvres, leur utilité propre, autant que l'utilité générale, s'oppoſeroit à ce que l'on paſſât une loi, qui, comme la loi agraire, propoſée à Rome par l'aîné des Gracches, ordonneroit une plus égale diſtribution des terres.

LE droit de propriété étant une fois admis : quelque uſage que le propriétaire faſſe de ſon revenu, de ſes gains, il ne jouit aux dépens de perſonne. S'il amaſſe ; ſes biens ſont nuls pour tout autre que lui. S'il dépenſe, c'eſt-à-dire, s'il ſe permet du Luxe, alors tous les agens qu'il employe à ſa ſatisfaction, prennent part à ſa fortune par les ſalaires qu'ils reçoivent de lui. Il eſt bien plus avantageux pour l'Etat qu'il diſtribue ainſi ſes revenus, que ſi, s'oubliant lui-même, il les répandoit en pur don. Les hommes fur qui fes largeffes tomberoient confommeroient fans rien produire, au lieu que les ouvrages de ceux qu'il fait travailler, reftent après la confommation des falaires & font valeur.

De plus l'Etat a par-là des hommes verfés dans la pratique des arts, au lieu d'hommes inutiles qui ne fçauroient rien faire. L'émulation répandue parmi ces travailleurs anime leur induftrie. Il naît de leurs efforts diverfes inventions. L'efprit hnmain en profite. Ses progrès s'étendent, & la fociété gagne de mille manieres par le concours de tant d'effets.

L'utilité du Luxe dans les propriétaires de revenu ne fe borne pas à répandre l'émulation parmi les claffes de citoyens qui, dénués de biens, fubfiftent par le travail. Le goût du Luxe entretient l'amour de la propriété, rend attentif à la confervation de fon bien, excite à chercher les moyens d'augmenter fon revenu, & ne permet prefque à aucun ordre de propriétaires de végéter dans l'inaction. Ce goût dans une ame noble s'élevant en raifon des moyens & donnant des defirs qui ne peuvent être fatisfaits que par les derniers efforts des arts & avec beaucoup de dépenfes, tire de la léthargie & convertit fouvent en un homme vigilant, inftruit & capable un grand propriétaire qui, fans cet aiguillon, ne fentant nul befoin, endormi fur fes richeffes, négligeroit de mettre en valeur & fa perfonne & fes poffeffions.

DANS un Gouvernement bien ordonné les entreprifes & les dépenfes publiques font mefurées de façon qu'elles puiffent être foutenues fans entamer l'aifance des fujets. Les impofitions néceffaires pour ces objets font reparties nonfeulement d'après des principes fixes & connus ; mais encore avec une égalité réglée fur la quotité des biens ; enforte

que le riche & le pauvre font taxés également dans la proportion de leur avoir.
Cet ordre dans l'adminiftration doit être
obfervé : quand même on ne confulte-
roit ni la juftice ni l'humanité ni le bonheur des fujets. La politique feule, qui
n'a que la puiffance en vue, l'exige. 1°.
Un Etat, qui entreprend au-delà de
fes forces naturelles & qui, pour fuffire
à fes entreprifes, furcharge fes fujets
& leur ôte leur aifance, n'a que des
fuccès éphémeres, bientôt fuivis de
longues années de foibleffe durant lefquelles il effuie des affronts & des pertes
qui terniffent la courte gloire qu'il avoit
acquife par des efforts outrés. L'aifance
d'un peuple s'augmente par fon aifance.
Sa pauvreté s'augmente par fa pauvreté.
2°. Si le riche eft furtaxé, la richeffe ne
tente plus. On ne s'ingénie plus pour
l'acquérir. Il faut que le Gouvernement
laiffe à fes fujets une telle part des fruits
de leurs travaux, que dans la proportion de leurs mifes & de leurs efpérances

raiſonnables , ils ayent lieu d'en être contens : ſans quoi plus d'activité , plus de produit; & le Gouvernement, ſemblable à l'homme qui par une aveugle avidité tua ſa poule aux œufs d'or, perd tout pour avoir voulu trop avoir.

AINSI dans un Gouvernement bien ordonné où le peuple n'eſt point foulé, où chacun eſt également taxé, il reſte à la plus grande partie des ſujets, après qu'ils ont ſatisfait aux charges de l'Etat , une portion quelconque de leur revenu que les beſoins indiſpenſables de la vie ne conſomment pas. Ce réſidu-là, dont chaque particulier eſt le maître , que vous ne pouvez enlever au propriétaire , non-ſeulement ſans injuſtice , mais encore ſans cauſer la dégradation de l'Etat, ſera conſommé en Luxe ou employé en améliorations de revenu pour avoir définitivement un plus grand réſidu à conſommer en Luxe.

DANS un Gouvernement mal ordonné

donné, où les dépenses publiques font au-deffus des forces publiques; où les impofitions font affifes prefque fans reglés; où le fifc prend tout ce qu'il peut prendre, il ne laiffe pas de fe trouver encore des riches, qui, après avoir fatisfait aux charges de l'Etat & aux befoins indifpenfables de la vie, ont un réfidu qui ne peut être confommé qu'en Luxe.

Q UE l'Etat foit ou ne foit pas bien adminiftré, il eft donc de néceffité qu'il y ait du Luxe; parce que de toute néceffité il y a des riches, à moins que l'Etat ne foit réduit au dernier degré d'appauvriffement. Eh! quel eft l'inconvénient de ce Luxe, contre lequel on fe recrie tant! J'ai des bleds, des vins plus que je n'en puis confommer. Leur quantité me deviendroit à charge en les gardant. C'eft un fuperflu qui m'embarraffe : je l'échange contre un fuperflu qui m'eft agréable, dont la jouiffance me récompense de mes peines & dont l'attrait soutient mon émulation. A quoi veut-on que j'employe mon superflu ? Donnez-le à l'indigent qui manque de subsistance. C'est ce que je fais. Mais au lieu de le donner au pauvre fainéant & sans talent, dont l'ame est flétrie par l'aumône, je le donne au pauvre industrieux & travailleur. Je le donne à des gens qui, fiers du métier qu'ils exercent & fondés à l'être, n'ont point à baisser le front en recevant leur pain. Ils le mangent sans humiliation. Ils l'ont gagné; il est à eux.

On accuse le Luxe de nuire à la population : le Luxe qui soutient tant de familles, qui invite au mariage tant d'ouvriers par l'aisance qu'il leur assure en échange de leur industrie; le Luxe, sans qui la nation devenue languissante & barbare, diminuée des trois quarts & réduite à la classe des cultivateurs & des propriétaires de terres, laisseroit bientôt

en friche la moitié de fes provinces.
Que l'on tourne fes regards fur les La-
pons, fur les Negres, fur les Sauvages
de la Louifiane : le Luxe ne dévore pas
ces peuples ; font-ils nombreux ? Au
contraire, quelle innombrable population
les Efpagnes enfermoient dans leur fein
fous la domination des Maures ; & quels
peuples furent jamais plus galans, plus
luxueux que ces Maures !

ON voit quelques citadins, la plûpart n'ayant qu'un état précaire., fe
vouer au célibat pour vivre plus commodément ; & l'on conclut que le gout
du Luxe nuit à la population. Cependant
un célibataire, amoureux des douceurs
de la vie, dépenfe chaque année fon
revenu. Si fon revenu eft tel qu'avec ce
revenu il pourroit entretenir outre fa
perfonne une femme & deux enfans en
fe reftraignant aux depenfes les plus néceffaires, ce même revenu diftribué
par lui dans les claffes qui lui fournif-

sent les satisfactions qu'il recherche, y nourrira la même quantité de personnes. La population sera la même.

LES destructions de substances que les rafinemens de la table occasionnent, les nombreuses écuries, les meutes, diverses sortes d'animaux nourris pour le plaisir ou pour l'ostentation, n'autorisent point, comme quelques-uns le croyent, à reprocher au Luxe d'arrêter les progrès de la population. A la vérité ces objets de dépense vers lesquels le Luxe entraîne, diminuent la masse des subsistances propres à l'homme ; mais ces consommations dont la population ne profite pas, ne font qu'une petite partie des productions que l'on doit au Luxe. Abolissez le Luxe : vous n'aurez plus ni les consommations que vous regrettez, ni les productions qui soutiennent la société. Nous n'augmentons nos moyens que par le travail. Or, quel est l'aiguillon du travail ? Le

Luxe. Il allume le defir de varier, d'é-
tendre les jouiffances. Par tout où fon
influence peut fe déployer, elle multiplie les biens de la terre mille fois au-
de-là de ce que la terre donneroit d'elle-
même ; & le nombre des hommes dans
un pays eft toujours en raifon de la
quantité de productions que ce pays
fournit à l'ufage de l'homme.

Lo in que le Luxe dépeuple un Etat,
c'eft l'efpérance qu'il fait concevoir d'obtenir la fubfiftance par le travail qui
donne la naiffance à un nombre infini
d'hommes & toujours au-delà de celui que
le Luxe peut nourrir. Les hommes s'em-
preffent de multiplier par-tout où l'on répand des fubfiftances ; & le Luxe ne fe
peut fatisfaire qu'en verfant les fubfiftances qu'il poffede fur ceux qui le fervent.
Voilà pourquoi dans les pays riches où le
Luxe regne (& il n'y a de pays riches
que ceux où regne le Luxe, foit dans un
genre foit dans un autre), on voit plus

d'indigens que dans les pays pauvres.
Mais aussi dans un pays riche & luxueux
la population est dix fois plus forte qu'elle
ne le seroit si le pays étoit pauvre & sans
Luxe. Il y a dans ce pays dix fois plus
de familles dans l'abondance ou dans
l'aisance qu'il n'y en auroit. L'Europe
n'a point de Royaume mieux cultivé,
plus riche, plus florissant que la Grande-
Bretagne, eu égard à son étendue. Dans
cette Isle opulente le nombre des pauvres est si grand que la taxe imposée
pour leur soulagement est une charge
très-pesante.

Si l'on a quelque chose à craindre du
Luxe; c'est qu'il n'amene une population énorme : effet nécessaire de son influence lorsque des combinaisons habiles
ne s'y opposent pas. Le destin des choses sublunaires est de périr par les causes de leurs progrès. Les sources de la
prospérité d'un Etat la corrompent à la
fin, quand une administration prudente

n'en dirige & n'en ménage point le cours. L'émulation produite par le Luxe & par l'assurance de la propriété enfante une abondance prodigieuse, & cette abondance enfante une population plus prodigieuse encore. Si l'on n'a pris aucune mesure pour prévenir l'excès de cette population, elle devient un fléau.

EN cette situation chacun se dispute la subsistance. Un objet si cher est le seul qui désormais puisse affecter l'ame; tout autre intérêt se tait: nul avantage éloigné ne touche. Dès-lors tout progrès dans les hautes sciences, dans les beaux-arts, dans les arts même les plus méchaniques, s'arrête. Les connoissances déja acquises s'affoiblissent & s'effacent. On ne pense plus à la gloire, à l'honneur, au bien-être. On ne s'occupe que d'être; & pour en obtenir les moyens, toutes voies sont jugées bonnes. La nécessité le veut. On devient rusé, subtil, fripon. L'ame s'énerve comme l'esprit se rétrécit. Une nation qui s'étoit élevée à un haut degré de puissance & de bonheur, n'est plus, par l'enchaînement naturel des causes & des effets, qu'une nation excessivement nombreuse, mesquine, malheureuse & très-vile. L'énormité de la population a conduit la Chine à ce point fatal.

CE seroit en ce sens qu'on pourroit dire avec raison que le Luxe est funeste; qu'il nuit aux mœurs, au bien de l'Etat. Mais, outre qu'il est sans doute des remedes propres à tempérer cet excès de fécondation d'où dérive tout le mal qu'on doive craindre du Luxe, combien notre Europe est loin d'avoir à redouter un pareil danger! Plut à Dieu qu'elle en fût menacée! Pour que le Luxe dégrade un peuple, il faut qu'il ait auparavant porté ce peuple au faîte de la prospérité. Il faut aussi que nulle prévoyance n'ait en même temps pris soin de rendre cette prospérité durable. Nous ne balançons donc point à préconiser le Luxe malgré le mal qu'à la suite des temps il peut entraîner avec lui. Nous nous croyons fondés à ne tenir aucun compte d'un mal futur que la situation actuelle rend infiniment éloigné, que mille causes nouvelles peuvent écarter à jamais, & qui n'est que le résultat d'une très-longue prospérité vers laquelle il convient de tendre au hazard incertain d'une dégradation subséquente.

CHAPITRE IV.

Le Luxe ne nuit point à l'agriculture. Réfutation de quelques argumens contraires. Cas où quelques adversaires du Luxe l'approuvent. Preuves tirées de cette approbation contre leur système. Inutilité des déclamations contre le Luxe.

POUR prouver que le Luxe est destructif, on forme une hypothèse. On dit : « Supposons cent hommes établis » dans une portion de terre. Cinquante » de ces hommes cultivent ; cinquante » autres s'employent à des choses né- » cessaires aux agriculteurs ; & pour le » prix de leurs peines ils partagent avec » ceux-ci les produits de la terre. Si » trente des cinquante non-cultivateurs, » au lieu de s'occuper utilement à secon- » der les agriculteurs, s'avisoient tout- » à-coup de passer leur temps à danser,

» à chanter, à faire des modes, la claſſe
» des cultivateurs ne ſeroit-telle pas lé-
» ſée en les nourriſſant pour n'en rece-
» voir en échange que des danſes, des
» pompons & des allégros? Ne verroit-
» elle pas ſes travaux rallentis & ſes re-
» coltes diminuées par l'intermiſſion des
» ſecours qu'elle recevoit auparavant de
» ces trente hommes »?

IL eſt très-ſûr que les recoltes doivent diminuer ſi réellement les travaux
de ces trente hommes ſont néceſſaires à
la culture. Il en arriveroit autant s'ils
paſſoient leur temps à ne rien faire au
lieu de danſer; ou s'ils vaquoient à des
travaux très-utiles en eux-mêmes, mais
étrangers à l'agriculture. Pareillement
ſi tous les cent hommes ceſſoient leurs
occupations rurales, ils ſeroient tous,
ſans aucun Luxe, réduits à la derniere
diſette.

QUE conclurre d'une hypothèſe qui
ne correſpond point à la queſtion? Il ne

s'agit pas de sçavoir s'il est plus avantageux de rester oisif que de travailler, ni
s'il convient mieux de s'occuper à des
frivolités qu'à des choses utiles. lorsqu'il
est urgent de s'occuper de choses utiles.
Jamais on n'a mis de pareilles proposi-
tions en problême. Il s'agit de sçavoir si
tous les besoins satisfaits, ce qui reste
à chaque particulier, peut être employé
en Luxe quelconque sans dégradation
pour l'Etat. C'est cette question que
nous avons prétendu discuter dans ce
Traité ; & c'est sous ce point de vue
qu'il faut l'envisager.

Pour rendre l'hypothèse des cent
hommes concluante dans la question
presente, il faudroit dire : » Cent hom-
» mes se sont établis dans un canton.
» Cinquante de ces hommes cultivent.
» Vingt autres s'employent à des choses
» nécessaires aux agriculteurs. Les tra-
» vaux de ces soixante & dix personnes
» suffisent pour les besoins des cent.

(Suppofition au-deffous de la réalité; car la culture fructifie au-delà de cette proportion.) » Que feront les trente qui » reftent fans objet d'occupation nécef- » faire ? S'ils s'adonnent à chanter, à » jouer du violon pour amufer leurs » compagnons dans les momens de dé- » laffemens, nuiront-ils aux travaux uti- » les ? Les récoltes feront-elles dimi- » nuées par-là » ? L'hypothèfe formée de cette maniere comme elle devroit l'être pour correfpondre à la queftion, ne fourniroit plus d'objection.

Le même défaut, celui de n'avoir point de rapport à la queftion, fe trouve dans un autre exemple qu'on allegue pour montrer que le Luxe nuit à la re- production : « Je payois, dit-on, quatre » hommes à 200 livres chacun. Deux » ratiffoient les allées de mon jardin. » Deux cultivoient un champ d'arti- » chaux qui me rendoit 800 livres. J'oc- » cupe trois de ces hommes à ratiffer

» mes allées & un à cultiver des arti-
» chaux. Mon champ d'artichaux ne me
» rapportera plus que 400 livres. Pour-
» rai-je payer avec ce revenu la même
» fomme que je payois » ?

ASSURÉMENT vous ne le pourrez pas:
Si vous n'aviez jamais fait cultiver votre
champ d'artichaux, vous n'auriez abfolument point eu de revenu ; quand même vous n'auriez jamais fongé à faire
ratiffer des allées. Ce n'eft donc pas
parce que vous employez vos gens à un
travail ftérile, que votre revenu diminue ; c'eft parce que vous ne les employez pas à un travail productif. Car,
fi vous ne faifiez rien de trois de vos
hommes, votre revenu n'en diminueroit
pas davantage. Votre exemple enfeigne
en autres termes que fi on ne cultive
pas une plante, on n'a pas le produit
naturel de cette culture. Que l'on gagne plus en s'occupant d'un travail qui
rapporte du profit ; qu'en s'occupant

d'un travail qui n'en rapporte pas. Quelqu'un doute-t-il de cela? Les hommes n'ont pas befoin de pareilles leçons. Si vous réduifiez votre parabole à montrer qu'une portion du produit brut de ma terre doit être réfervée pour entretenir ce produit, elle prouveroit bien cette propofition. Mais de quelque façon qu'on envifage cette parabole, elle ne prouve rien contre le Luxe auquel on employe feulement le revenu net. C'eft cependant le point dont il s'agit. Nous n'aurons pas befoin d'autre argument pour montrer que le revenu net dépenfé en Luxe n'influe pas défavantageufement fur la reproduction ; puifque, tant que du revenu de ce champ d'artichaux travaillé par deux hommes, je n'en appliquerai que la moitié à faire ratiffer des allées , ce revenu fera le même.

LES parcs, les jardins de promenade, les vaftes maifons de plaifance préfen-

tent une objection plus férieufe au premier coup d'œil. Une partie du terrein
que ces chofes occupent, eft entierement rendue ftérile : l'autre partie, cul-
tivée d'une autre maniere, rapporteroit
plus cle fruits. La nation eft moins riche
de tout ce que ce terrein produit de
moins. Cette objection, quoique fpé-
cieufe, ne foutient pas l'examen.

1°. Ce qui eft produit de moins par
l'emploi du terrein en bâtimens, en jardins, en parcs, mérite peut-être moins de
confidération qu'on ne le croit. Car d'un
côté les parcs, les jardins de promenade
donnent du bois, & les arbres viennent
bien plus forts dans un lieu où l'air cir-
cule librement, que dans une forêt où
ils feroient étouffés ; d'un autre côté ce
que l'on retrancheroit du terrein occupé
par un bâtiment que l'on juge trop vafte,
ne feroit peut-être pas la moitié de l'efpace qu'on eftime fuffifant pour ce même édifice.

2°.

2°. CE n'eſt pas parce que je couvre de conſtructions mon champ, ou bien parce que je fais de ce champ un boſquet pour m'y promener au frais, ou même un manege découvert pour y exercer mes chevaux, que je nuis à la production. C'eſt parce que je ne mets pas mon champ en valeur, & que je n'en fais pas un gagnage (a). L'uſage que je fais de mon champ en bâtiſſant deſſus, &c. ne nuit pas plus à la production que ſi je le laiſſois en friche, ou que ſi je le laiſſois inonder. Ainſi on ne peut taxer

---

« (a) Gagnage, proprement pris, ſignifie le fruit qui » procede des terres labourables par ſemence de grain » ou plant d'herbes. Gagnage par métonymie ſignifie » auſſi les champs ou jardins où croiſſent toutes eſpeces » de bleds ou potages. Selon ce, on dit d'une belle » campagne de terres labourables, voilà un beau Ga- » gnage ». NICOT. Le mot Gagnage, eſt peu connu, parce que juſqu'à ces derniers temps on a peu parlé d'agriculture. Il eſt cependant François, comme NICOT le témoigne, & d'un uſage ordinaire en terme de chaſſe. On a cru pouvoir ſe ſervir ici de ce mot: il exprime d'une maniere brieve toute terre labourable enſemencée tant en bled qu'en légumes, & produiſant revenu.

II. Partie.   F

l'exiſtence des parcs, des maiſons de plaiſance, de diminuer la production que dans le cas où l'on ſuppoſe que le terrein ſacrifié à ces objets eſt enlevé à la culture. Or, tant qu'il y a des landes dans un Royaume, les maiſons de plaiſance, quelque part qu'elles ſoient aſſiſes, ne le ſont jamais que ſur un ſol inutile. La culture qu'on dépoſſede d'un terrein pour les y conſtruire, ſe recule & va s'exercer ſur des friches qu'elle change en guerets. La terre manque-t-elle? alors le terrein eſt ſi cher que perſonne n'en veut perdre un pouce. On ne plante plus ni parcs ni grands jardins. On n'éleve plus de bâtimens inutiles. La Chine en offre la preuve. *Les Chinois*, dit le P. Lecomte, *croiroient manquer au bon ſens d'occuper uniquement la terre en parterres, à cultiver des fleurs, à dreſſer des allées, à planter des boſquets d'arbres inutiles. Le bien public demande que tout ſoit ſemé, & LEUR INTERET PARTICULIER, QUI LES TOU-*

CHE ENCORE PLUS QUE LE BIEN PUBLIC NE LEUR PERMET PAS de préférer l'agréable à l'utile. Nouv. Mém. sur la Chine. *Paris 1696, in-12. tome I. pag. 334.*

PARMI les adverſaires du Luxe il y en a qui lui ſont oppoſés, parce qu'ils prétendent que le Luxe nuit à l'agriculture ; d'autres parce qu'il leur répugne d'une part que des gens vivent dans les délices, tandis qu'on en voit qui manquent du néceſſaire ; & d'une autre part que l'on ſe permette des dépenſes en ſuperfluités, tandis qu'il y a tant de travaux utiles à entreprendre pour le bien de l'Etat. Les uns & les autres admettent cependant le Luxe dans une circonſtance, ſçavoir, « dans le cas où » toutes les claſſes utiles ſeroient com- » plettes & auroient plus qu'une ſubſiſ- » tance commode ». Ils l'admettent alors, parce qu'ils ne peuvent s'empêcher de ſentir qu'il eſt conforme à la raiſon de tirer parti d'un ſuperflu que

F ij

l'on poſſede, & que quand toutes les utí-
lités ſont produites , il ne reſte plus
d'autre moyen d'employer ce ſuperflu
que de l'employer en Luxe. A combien
de difficultés l'énoncé de leur propoſition ne donneroit-il pas lieu ! De quoi
compoſe-t-on une ſubſiſtance plus que
commode , & même une ſubſiſtance
commode ? Les choſes dont on la compoſe , ne ſont-elles pas du Luxe? Si elles
n'en ſont pas , qu'appelle-t-on Luxe ?
Pour ne pas tomber dans trop de longueurs & de répétitions , tenons-nous-
en à l'eſprit de leur objection.

Si ceux , qui prétendent que le Luxe
nuit à l'agriculture , le jugent admiſſible
lorſque toutes les claſſes utiles ſont com-
plettes , & ont plus que leur ſubſiſtance com-
mode ; ils croyent donc qu'il ne nuit pas
alors à l'agriculture. Autrement, arrê-
tant la réproduction, il altéreroit bientôt la proſpérité publique ; & il faudroit
le rejetter quand même tous les ordres

de l'Etat regorgeroient de biens. Or, fi le Luxe de tous ne préjudicie pas à l'agriculture; comment le Luxe d'un petit nombre y préjudicie-t-il?

CEUX qui rejettent le Luxe tant que l'on peut mieux employer ailleurs les dépenfes qu'il entraîne; & qui approuvent ces dépenfes lorfque tous les befoins de l'Etat font fatisfaits, & que les claffes utiles jouiffent d'une honnête aifance, avouent par-là que le Luxe en lui-même n'eft pas repréhenfible, & que pour pouvoir s'y livrer fans reproche, il ne s'agit que de n'avoir rien de mieux à faire de fon fuperflu. Or un particulier, qui a plus qu'il ne confomme pour fes befoins indifpenfables, fe trouve dans ce cas-là. Il a un fuperflu qu'il n'eft pas à fa portée d'employer en entreprifes au profit de l'Etat; quand on voudroit exiger de lui qu'il en eût la volonté. Il ne peut donc employer fon fuperflu qu'en Luxe ou en charités. L'em-

ployer en Luxe , c'eſt preſque l'employer en charités ; & c'eſt mieux l'employer.

LE ſuperflu d'un particulier ne change
point de nature, ſoit que ce particulier
ſoit le ſeul qui ait du ſuperflu, ſoit que
pluſieurs ou que tous en ayent comme
lui. Si l'on vivoit en communauté de
biens, il n'y auroit en effet de véritable
ſuperflu pour perſonne que quand tous
les néceſſiteux ſeroient abondamment
pourvus des beſoins de la vie, que
quand toutes les utilités poſſibles pour
l'Etat ſeroient produites. Mais 1°. on
ne vit pas en communauté de biens. 2°.
L'avantage de la ſociété exige des propriétés diſtinctes & ſacrées. Par une
ſuite de ces principes le Gouvernement
qui veille aux beſoins de l'Etat & qui fait
contribuer chacun aux dépenſes que ces
beſoins exigent, ne doit & ne peut ſans
nuire à l'Etat faire aucune levée que par
des ordres généraux qui excluent entie-

rement toute acception de perfonne. L'intérêt commun ni la juftice ne permettent point d'impofer les riches à volonté, un à un, ni autrement que collectivement. Dès-là néceffairement il y a toujours des gens à qui, toutes charges payées, il refte un fuperflu fur lequel l'Etat ni perfonne n'a de droits & qu'ils ne peuvent que donner, employer en Luxe ou laiffer perdre.

Qu'espere-t-on de l'animofité avec laquelle on s'éleve contre le goût du Luxe? On ne l'éteindra pas. Il tient effentiellement à l'ame. Les loix prohibitives le contrarient fans le réprimer. C'eft un Protée plus fubtil que celui de la fable. Rien ne peut l'enchaîner. Profcrivez un genre de fuperfluités: on fe rejette fur un autre genre. Que voulez-vous qu'un homme actif faffe du produit de fon travail, quand ce produit furpaffe fes befoins indifpenfables ? · Lui prendrez-vous fon fuperflu, le fruit de fa fueur ?

Vous le plongerez dans la pareſſe &
dans l'engourdiſſement.

ON déclame vainement contre le
Luxe depuis bien des ſiècles. Le *ſævior
armis luxuria* eſt ancien & n'eſt pas le
premier reproche qu'on lui ait fait. Les
Rhéteurs, les Poëtes, ardens à montrer
de la ſévérité, parce qu'elle plait, ont
à l'envi déployé leur éloquence contre un goût ſi raiſonnable. Cependant
les hommes, en applaudiſſant aux traits
lancés contre le Luxe, s'y ſont livrés
dans tous les temps ſelon leur pouvoir.
Le bon ſens, qui leur eſt accordé par
la nature, les préſerve de ſuivre dans la
pratique les erreurs de la ſpéculation.
Ils n'ont ceſſé de ſe livrer au Luxe ; &
malgré les dangers qu'on attache à ce
penchant, quoique, depuis Juvénal, le
Luxe ſe ſoit étendu de l'Italie en France,
en Angleterre, en Allemagne, ces contrées jadis preſque déſertes en tant d'endroits forment aujourd'hui de puiſſans

Etats. C'eſt qu'en dépit de toutes les opinions le bonheur des hommes dépend des jouiſſances du Luxe & que le Luxe n'eſt point un mal politique. *Ce que la nature aime,* dit Young, *eſt néceſſairement bon.* N'entendons-nous pas tous les jours préſenter les entraves miſes au commerce, à l'induſtrie, comme des bornes miſes à la proſpérité publique? Eh! quel objet auroient le commerce & l'induſtrie ſans le Luxe? Si vous voyez tomber en décadence un Empire où le Luxe regne en quelques endroits: n'accuſez pas de ſa ruine le Luxe des particuliers. Prenez-vous-en à d'autres cauſes, au ſurfaix des impoſitions, à la tyrannie, à la maladreſſe des perceptions qui découragent le travail & par-là obſtruent les ſources de la puiſſance.

Le goût du Luxe peut corrompre & dégrader des particuliers. On lui a donné l'épithete de *diſſuaſor honeſti.* L'amour des richeſſes a les mêmes dangers. S'en-

fuit-il que les richeffes foient préjudiciables à l'Etat ? Malheur à ceux dont
les defirs ne font point retenus dans de
juftes bornes par la raifon & par l'honneur ! Ils méritent toutes les cenfures.
Que le zele s'arme contre eux. Pré-
muniffez les cœurs par de fages leçons
contre l'afcendant d'une paffion trop
vive. Mais n'attribuez pas à la chofe
un vice concentré tout entier dans la
perfonne qui en abufe. Ne concluez pas
d'un accident particulier contre les effets généraux d'une caufe ; & de ce
qu'un individu peut fe dérégler, n'infé-
rez pas que le Luxe foit funefte à l'Etat.
Profcrirez - vous le vin comme Maho-
met , parce que cette boiffon falutaire
enivre les intempérans ?

C'est, nous l'avons déja dit, parce
que l'on applique à l'Etat les inconvéniens du Luxe à l'égard des particuliers,
que l'on forme de fi faux jugemens fur
cette matiere. Mais à-travers les nua-

ges que ces méprises élevent dans les esprits, l'utilité intrinseque du Luxe se fait sentir invinciblement, quoique confusément, par un tact, pour ainsi dire, machinal. L'avantage physique qu'on y trouve, l'emporte sur l'illusion que de vaines subtilités peuvent causer.

QUOIQU'IL soit indubitable que les efforts des adversaires du Luxe ne prévaudront jamais contre l'impulsion de la nature & de la raison qui nous le conseillent, comme l'exemple des siécles passés le démontre, il importe néanmoins de combattre leur systême. Indépendamment de toute autre vue, il est mieux d'avoir des idées justes que d'avoir des idées qui ne le soient pas. De plus si la généralité des hommes est par le nombre à l'abri d'une séduction durable dans les choses où les sens sont intéressés, il n'en est pas moins vrai que les prestiges d'une fausse doctrine peuvent égarer pour un temps. Lorsque l'erreur gagne

ceux qui tiennent les rênes de l'Etat ;
leur adminiſtration réglée ſur leurs principes offenſe le nerf de la proſpérité publique & lui porte quelquefois des atteintes funeſtes dont il faut des ſiécles
pour réparer l'effet.

CHAPITRE V.

Le Luxe des particuliers ne peut jamais excéder les facultés générales d'une nation. Ainfi il ne peut être ruineux pour une nation. Le Luxe du Gouvernement peut feul détériorer l'État. Ceux qui dépenfent en Luxe leur revenu, au lieu de l'employer à l'améliorer, ne font qu'ufer de leurs droits & ne nuifent pas au bien public. Les fociétés feroient appauvries depuis long-temps fi le Luxe étoit deftruêif. Le Luxe a été plus étendu autrefois qu'il ne l'eft à - préfent. Ridicule des déclamations contre le Luxe démontré par un exemple. Confufion dans les idées fur le Luxe. Preuves de l'utilité du Luxe.

LE Luxe n'exifte qu'autant qu'on peut s'y livrer. Les defirs nous portent en vain vers les jouiffances qu'il nous préfente, quand nos moyens ne nous permettent pas de les acquérir. Les dé-

penses sont toujours bornées par les facultés. C'est mon bien que je consomme
ou c'est le bien des autres qu'ils me con-
fient. Dans ces deux cas c'est toujours
un bien existant qui me fait jouir. Si
j'excede mes moyens mon rôle est bientôt joué. *A l'éclat de mes dépenses in-
considérées succedent promptement l'ab-
baissement & la privation.

AINSI où le Luxe regne, il y a certainement un degré d'opulence proportionné à l'étendue du Luxe. La masse
des facultés peut être plus grande que
les consommations; jamais elle ne peut
être moindre. Un particulier jouit au-
delà de ses moyens légitimes; il faut
pour cela qu'il trouve dans les autres les
moyens qu'il n'a pas. Quels que soient
ses excès, il ne consomme que des choses
qui existent & qui seroient consommées
par plusieurs s'il ne les consommoit pas
à lui seul.

Le Luxe d'une ville témoigne incontestablement l'opulence de ses habitans. Le Luxe répandu jusques dans les moindres hameaux d'un Royaume, seroit assurément la marque que ce Royaume jouiroit de la plus grande abondance. Le Luxe prend toujours le niveau de la prospérité publique. Il en est le thermometre.

La capitale d'un grand Royaume peut être riche aux dépens des provinces, & les causes qui transportent dans ses murs la substance des autres parties de l'Etat, peuvent être funestes au bien-être national. Mais le Luxe auquel les habitans de cette capitale s'adonnent par une suite des richesses qu'ils possedent, loin de causer aucun détriment aux provinces, corrige en partie les effets destructifs de l'administration qui les appauvrit. Ce n'est point contre le Luxe de cette ville qu'il faut diriger ses attaques;

c'eſt contre les cauſes qui l'enrichiſſent.

DES-LORS pourquoi s'effrayer du Luxe & le voir comme un fléau, puiſqu'un peuple ne peut s'y livrer que dans la proportion de ſes moyens ? N'eſt-il pas conforme à la raiſon de ſe donner les ſatisfactions qu'on peut ſe donner légitimement ? Le bien ne ſeroit d'aucun avantage, s'il falloit ſe refuſer la douceur d'en jouir. On n'employe en Luxe que ce que le Gouvernement laiſſe & doit laiſſer après le contingent fourni pour les beſoins communs tels que l'autorité ſouveraine les arbitre. Quel inconvénient peut-il y avoir pour l'Etat à convertir en jouiſſances agréables un réſidu ſur lequel l'Etat n'a nul droit & dont il ne peut s'emparer ſans ſe faire tort à lui-même ?

LE déſordre que le goût du Luxe met quelquefois dans la fortune des hommes

hommes fans conduite, eſt leur affaire & non celle de l'Etat. A meſure que mes biens diſſipés follement échappent de mes mains, ils paſſent en d'autres mains qui les gouvernent mieux ; & comme le nombre des gens dérangés ſe perd dans la foule des gens attentifs à leurs affaires, l'influence de mon déréglement eſt zero pour la ſociété.

Si quelques particuliers peuvent conſommer au-delà de leurs facultés, il eſt phyſiquement impoſſible à une nation d'en faire autant. L'intérêt reſpectif des hommes s'y oppoſe. Ils ſe font obſtacle les uns aux autres ; & la choſe publique gagne plus par l'émulation générale née du Luxe qu'elle ne perd par les fautes où il peut faire tomber.

LES dépenſes du Gouvernement ſont les ſeules dont l'excès puiſſe détériorer l'Etat, parce qu'alors les impoſitions qu'il eſt contraint d'établir & qu'on eſt

contraint de payer, furpaffant la proportion que les facultés générales peuvent fupporter fans s'affoiblir, ôtent les
moyens néceffaires à l'entretien ou à
l'accroiffement du revenu, & portent par-
tout le découragement. Au lieu que les
dépenfes des particuliers, quelque ex-
ceffives qu'elles foient par rapport à ceux
qui les font, font toujours néceffairement
reftraintes dans un tel cercle que les facultés générales n'en reçoivent point de
diminution. Car ces dépenfes, fe faifant
de gré à gré, l'intérêt de chacun les borne immanquablement au point, par-de-
là lequel elles nuiroient.

LES perfonnes, dit-on, qui, au lieu
de dépenfer fur leurs terres en améliorations, dépenfent en Luxe, non-feulement fe manquent à elles-mêmes, en fe
fruftrant des jouiffances plus étendues
qu'elles auroient par-là ; mais encore
manquent à l'Etat en le privant des richeffes & de la population qui réful-
teroient de l'augmentation de leur re-

venu. Examinons ce prétendu délit.

1°. IL ne concerne que les gens qui ont des terres fufceptibles d'améliora-tion & qui ont des moyens proportion-nés aux dépenfes qu'exige une pareille opération. Les propriétaires des terres & les cultivateurs dans un Etat très-peuplé ne font peut-être pas la moitié de la nation. Parmi les propriétaires & les cultivateurs combien y en a-t-il qui ayent en même temps & des terres qui peuvent être améliorées & les moyens de faire ces améliorations? Il n'y en a pas la cinquantieme partie. Dès-lors fi le Luxe eft blâmable en ceux qui fe trou-vent dans le cas dont on parle ici, ce n'eft plus qu'une propofition particu-liere qu'il faut borner aux perfonnes de cette claffe.

2°. PAR rapport au tort que fe font à eux-mêmes ceux qui dépenfent en Luxe au lieu de l'employer a l'accroif-fement de leur revenu; rien n'eft affu-

rément plus effentiel à la liberté légitime
de l'homme que de pouvoir fans crime
négliger fes avantages propres.

3°. PAR rapport au prétendu délit
envers l'Etat, il eft pareillement effentiel à la liberté légitime & néceffaire au
bien commun de la fociété que chacun
ait le droit de difpofer de fon bien à fon
gré, quand il a contribué felon fa taxe
aux charges de l'Etat.

4°. ON n'a point cru jufqu'ici que,
fous peine d'être réputé coupable, un
citoyen fans fonctions publiques, fût
obligé de procurer l'avantage de la fociété ; au contraire on a toujours regardé un tel acte comme méritoire & digne
de récompenfe.

5°. POUR impofer un devoir, il faut
en marquer précifément les bornes. Il
faut le faire connoître bien clairement.
En impofant aux propriétaires des terres
& aux cultivateurs l'obligation de pren-

dre fur leur revenu net de quoi fournir
à l'amélioration dont leurs terres font
fufceptibles, quelle dépenfe leur per-
met-on de faire pour leur jouiffance per-
fonnelle? Car fi ma terre me rapporte
trente mille livres & que pour me produire davantage elle ait befoin d'une
dépenfe extraordinaire de trente mille
francs, on n'exige pas fans doute que
je me paffe de tout pour effectuer cette
amélioration. On doit pofer un terme
en deça duquel mes dépenfes perfon-
nelles feront légitimes, & le devoir con-
fiftera à ne point excéder ce terme. Or
on ne peut s'appuyer fur aucune raifon
valable pour établir ce terme à un point
plûtôt qu'à un autre dès qu'on veut l'é-
tablir au-delà de l'étroit néceffaire; &
il eft évidemment contraire à la raifon
de fixer exactement ce terme à celui de
l'étroit néceffaire. On ne peut donc
marquer avec précifion l'étendue du devoir qu'on veut prefcrire; ou fi l'on en
affigne les limites, ces limites ne peu-

vent qu'être arbitraires. Cela prouve
sans replique qu'un pareil devoir n'est
pas dans la nature des choses & qu'il est
absurde de vouloir l'impoler.

IL y a plus. Ceux qui dépensent en
Luxe leur revenu au lieu de l'employer
à l'amélioration de leurs terres, indépendamment de ce qu'ils ne font en cela
qu'uler de leurs droits, ne caulent aucun tort à l'Etat. Dans un pays où les
arts fleurissent, où le Luxe est goûté,
peu importe que le propriétaire d'une
terre s'occupe de l'améliorer. Mille gens
y pensent pour lui, & viennent lui demander à prix d'argent la permission de
l'exploiter, quand les vices de l'administration n'empêchent pas de penser à
de telles entreprises. L'attrait qui porte
à dépenser, excite ceux qui n'en ont
pas le moyen, à l'acquérir. Ils recueil-
lent ce que les riches disperlent. Ils s'u-
nissent & placent les fonds qu'ils ont
amassés, lur tout ce qui leur présente

l'espoir de quelque profit. On doit même plus attendre de l'activité des hommes quand ils sont déterminés par ce mobile, que si ce mobile étoit supprimé. L'intérêt sçait trouver les richesses dont il a besoin pour ses opérations. Il sçait même suppléer aux richesses, & les richesses sans un intérêt à les faire valoir, restent oisives dans les mains du possesseur, ou sont consommées en jouissances de plaisir.

La culture languit-elle dans un pays luxueux? C'est que l'émulation produite par le Luxe y rencontre des difficultés qui découragent également & le propriétaire le plus ardent & ceux qui ne demandent qu'à se mettre à la place du propriétaire négligent ou mal-habile. Pourquoi s'en prendre au Luxe qui vivifie tout, au Luxe sans qui personne n'auroit de motif pour s'évertuer?

Si le Luxe étoit en effet destructif,

où en seroit-on? Les hommes depuis des milliers de siécles s'y livrent de tout leur pouvoir. Leur goût sur ce point ne s'est jamais ralenti que quand leurs moyens ont diminué. Aujourd'hui que l'on se déchaîne avec la plus grande vivacité contre ses excès, on ne voit parmi nous ni de Lucullus ni d'Apicius. Nos bâtimens les plus magnifiques n'ont pas à beaucoup près la magnificence du palais de Sémiramis, & nos festins les plus solemnels n'égalent pas ceux de Cléopâtre. Paris & Londres ne connoissent ni dans la vie ordinaire ni dans les plaisirs publics des recherches aussi grandes que celles qui étoient d'un usage commun dans Babylone, dans Athenes & dans Rome au temps de leur splendeur. Nos peres mêmes, dès qu'ils ont eu quelques richesses, nos peres dont on vante la simplicité, ont autant aimé la somptuosité que les Grecs & les Romains. Les fêtes décrites dans nos vieux livres, toutes grotesques & ridicules qu'elles étoient, coûtoient des sommes prodigieuses. On faisoit dans les tournois qui étoient toujours accompagnés de repas & de bals, des dépenses effroyables en décorations, en harnois, en vêtemens riches, en vaisselle d'argent. A peine peut-on croire les récits qu'on en lit dans le *Théatre d'honneur* & ailleurs.

CE n'étoit pas seulement dans ces occasions d'apparat que nos ancêtres étaloient du Luxe. Ils en avoient beaucoup habituellement. Les Prélats mêmes donnoient dans toutes sortes de profusions avec tant d'excès dès le temps de S. Bernard, que ce Saint indigné crut devoir céder à l'ardeur de son zele & tonner contre eux dans la chaire sans aucun ménagement. Les œuvres de ce Pere de l'Eglise nous l'apprennent.

DANS l'usage ordinaire la table des gens d'une médiocre fortune étoit garnie de beaucoup de plats. Plusieurs écrits

conservés jusqu'à présent en rendent témoignage *. Les vêtemens étoient riches jusqu'au point qu'au rapport d'une
ancienne chronique commençant en
1400 & finissant en 1477, *les valets, à
l'imitation de leurs maîtres, & les petites
gens indifféremment portoient des pour-
points de soie ou de velours.*

DANS l'éloge de Louis XII. par
Claude Seiffel, on trouve des choses
qui étonnent sur le Luxe du commun
du peuple. « On voit, dit-il, géné-
» ralement par tout le Royaume ba-
» stir grands édifices tant publiques que
» privés & sont plains de doreures,
» non pas les planchis tant seulement
» & les murailles qui sont par le de-

---

* Entre autres *les quinze Joies du mariage*, ouvrage
composé suivant l'opinion la plus probable, vers l'an
1420 ou 1430, dans lequel l'Auteur, passant en revue
les desagrémens que l'on éprouve quelquefois dans
l'état de mariage, entre dans les détails de la maniere
dont on vivoit de son temps.

» dans, mais les couvertes, les toicts,
» les tours & ymages qui font par le
» dehors; & fi font les maifons meu-
» blées de toutes chofes plus fumptueu-
» fement que jamais ne furent. Et ufe
» l'on de vaiffelle d'argent en tous
» eftats fans comparaifons plus qu'on
» ne fouloit, tellement qu'il a été befoin
» fur cela faire ordonnance pour corri-
» ger celle fuperfluité. Car il n'y a
» forte de gens qui ne veuille avoir
» taffes, goubelets, aiguierres & cuil-
» liers d'argent du moins. Et au regard
» des Prélats, Seigneurs & autres grof-
» fiers, ils ne fe contentent pas d'avoir
» toute forte de vaiffelle tant de table
» que de cuifine d'argent s'il n'eft do-
» ré ; & mefme aucuns en ont grande
» quantité d'or maffif; auffi font les ha-
» billemens & la maniere de vivre plus
» fumptueux que jamais on ne les vit ».

CE que dit Seiffel des dépenfes de
fon temps eft confirmé par la magnifi-

cence extrême que le Maréchal Tri-
vulſe montra au tournoi fait à Milan en
1507, où il traita le Roi Louis XII. Sa
vaiſſelle d'or & d'argent marquée à ſes
armes étoit innombrable. Douze cens
de ſes gens étoient vêtus de velours
noir, les autres l'étoient de taffetas. La
ſalle de ſix vingts pas de long étoit cou-
verte de velours bleu tout ſemé de
fleurs de lys & d'etoiles d'or. Il y avoit
quatre ou cinq cens carreaux de drap
d'or ou de velours cramoiſi pour aſſeoir
les dames conviées au banquet. Ceux
qui furent admis à cette fête y paru-
rent pareillement avec éclat. On y
compta plus de douze cens dames vê-
tues de drap d'or ou de ſoie en brode-
rie & chargées de pierreries. On pourroit aiſément entaſſer citations ſur citations pour prouver que le Luxe n'a
jamais ceſſé de régner en France ſoit
ſous une forme ſoit ſous une autre
depuis Saint Louis, & ſur-tout depuis
Philippe - le - Bel qui rendit en l'an

1294 une ordonnance pour le réformer.

POUR mettre en état d'apprécier les déclamations des détracteurs du Luxe & faire sentir combien elles sont déraisonnables, il auroit peut-être suffi de rapporter quelques passages des Auteurs qui se sont déclarés contre le Luxe dans des temps éloignés de nous, & qui ont spécifié les choses qu'ils condamnoient. J'en donnerai un seul exemple. Dans *les nouveaux mémoires ou observations sur l'Italie & sur les Italiens*, par M. Grosley, imprimés en 1764 sous le nom de deux Gentilshommes Suédois, on trouve un tableau que Jean Musso nous a laissé des mœurs de Plaisance sa patrie au quatorzieme siécle. Cet Ecrivain, qui blâme extrêmement le Luxe de ses compatriotes, après avoir passé en revue les excès de dépenses qu'ils se permettoient dans leur habillement & pour leur table, dit : « Le Luxe de la table, » des habits, des logemens & des ameu-

» blemens date à Plaisance d'environ
» 70 ans. C'est-à-dire qu'il a commencé
» à s'y introduire vers l'an 1320. Les
» maisons ont aujourd'hui des salles,
» des chambres à cheminée, des cours
» en portique, des puits, des jardins &
» mille aisances ou commodités igno-
» rées de nos ancêtres. Telle maison qui
» aujourd'hui a plusieurs cheminées,
» n'en avoit point dans le dernier sié-
» cle. Le feu se faisoit au milieu de la
» maison ; la fumée se perdoit à-travers
» les tuiles : toute la famille environnoit
» ce feu où se faisoit la cuisine : usage
» qui subsistoit encore de mon temps en
» bien des maisons qui n'avoient pas
» même de puits. Le vin est l'objet que
» le Luxe a le moins négligé : on le boit
» infiniment meilleur que dans le der-
» nier siécle. On dépense aujourd'hui
» en ameublemens douze fois plus qu'a-
» vant 1330. Le goût pour ces dépen-
» ses nous est venu de France, de Flan-
» dres, d'Espagne ; & Plaisance réunit

» aujourd'hui le Luxe de tous ces pays.
» Les tables, qui n'avoient jadis que 12
» pouces de large, en ont 18 aujourd'hui.
» Ces tables font garnies de nappes & de
» garde-nappes : on y voit des taffes,
» des cuillers & des fourchetres d'ar-
» gent, des écuelles de toutes gran-
» deurs, de grands couteaux, des ai-
» guierres & des baffins. Les lits garnis
» de couvertures de foie ont des ciels
» ou de petits baldaquins d'où tombent
» tout autour des rideaux de toile. On
» eft éclairé par des torches & par des
» chandelles de fuif ou de cire portées
» fur des chandeliers de cuivre ou de
» fer. Enfin chaque maifon eft fournie
» de tous les uftenfiles de néceffité &
» de commodité. Prefque par-tout on
» a deux feux, un pour la chambre &
» l'autre pour la cuifine. On fait de
» grandes provifions de confitures. Rien
» ne coûte pour fatisfaire la fenfualité ».

CES nouveautés, que Muffo relevoit,

choquoient fans doute les rigoriftes fes
contemporains autant que lui. Préfentement nous ne concevons pas qu'on les
ait défapprouvées. Nous applaudiffons
à ces ufages, & il ne vient à l'efprit de
perfonne que l'on ait jamais pu craindre que leur introduction nuisît à la
fortune publique. Nous regardons des
puits, des cheminées dans les maifons,
des nappes, des couteaux de table, comme des commodités très-raifonnables.
Qui penferoit aujourd'hui que des rideaux de toile autour d'un lit, que des
tables plus larges que douze pouces
ont été réputées un Luxe repréhenfible ; que l'on a blâmé de faire le vin
avec foin pour le boire meilleur , &
d'ouvrir une libre iffue à la fumée pour
s'en délivrer fans ceffer d'être clos !
C'eft avec auffi peu de raifon que les
rigoriftes de notre temps condamnent
les délicateffes & les recherches modernes. Nos defcendans trouveront fort
fimples les commodités & les embellif-
femens

semens qui paroissent aujourd'hui à quelques gens des excès dangereux pour le bien de l'Etat.

La paresse des hommes les empêche de rien approfondir & les rend dupes des mots. Une idée présentée sous un nom les effarouche. La même idée présentée sous un autre nom les attire. L'opposition que l'on témoigne contre le Luxe se dément dès qu'on parle de commerce & d'industrie. Si le commerce & l'industrie sont avantageux, le Luxe ne peut être pernicieux, puisque le commerce & l'industrie n'existent que par le Luxe.

Lorsqu'en 1716, le Roi, de l'avis du Régent, abrégea la durée des deuils, le motif qui détermina fut de prévenir l'interruption du commerce & la cessation des manufactures. On applaudit dans le temps à cette ordonnance, & l'on entend tous les jours dire que les

deuils font encore trop longs ; que leur
fucceſſion répétée près-à-près fait lan-
guir le commerce ; prive les ouvriers de
falaires ; que la circulation en eſt ral-
lentie ; que par ces cauſes la conſommation diminue & avec elle la production.
Dans le même temps que l'on raiſonne
ainſi, on crie contre le Luxe. Cependant
les fabriques dont la longue durée des
deuils interrompt le travail , ſont plus de
Luxe que les manufactures entretenues
par les deuils. Il faut faire bien plus de
dépenſes dans l'habillement de couleur
pour être mis proprement , que dans
l'habillement noir. La longue durée des
deuils reſtraint par conſéquent le Luxe ;
& demander qu'on raccourciſſe leur durée, c'eſt dans le fait demander l'extenſion du Luxe. Mais dans l'intention,
on eſt bien éloigné de cette idée. On
ne penſe qu'à favoriſer le commerce &
l'induſtrie ; on croit leur cauſe fort différente de celle du Luxe. Le préjugé,
qui n'empêche pas de ſentir combien

l'activité du commerce & de l'induſtrie
ſont utiles, empêche d'en voir le mobile. On rapporte aveuglément les effets de la cauſe à l'inſtrument qu'elle
meut. Par une ſuite de cette confuſion,
on ne veut pas que le commerce & l'induſtrie languiſſent, parce qu'alors tout
languit , & l'on veut étouffer le Luxe
ſans lequel il n'y auroit point de commerce ni d'induſtrie.

L'AUTEUR d'un ouvrage Anglois in-
titulé *A plan of trade*, qui a eu à Londres cinq éditions en fort peu de temps,
propoſe comme un moyen d'augmenter le commerce de l'Angleterre, d'en-
voyer des miſſions chez les Negres & chez
les Sauvages du nouveau monde; non
pour y propager la foi, mais pour les
engager à ſe vêtir & pour leur inſpirer
le goût de nos ſuperfluités. Son idée eſt
que, ſi l'on parvenoit à leur faire con-
tracter nos habitudes, ils s'adonneroient davantage au travail pour avoir

de quoi satisfaire leurs nouveaux desirs ;
qu'ils se rapprocheroient, se mutiplie-
roient & deviendroient riches; qu'alors
on auroit en eux un grand nombre de
gens en état d'acheter , & que l'on fourniroit de beaucoup de choses. Personne
ne niera que cette maniere de voir ne
soit juste , & que les effets qu'on promet de ce plan n'eussent lieu, si l'on
réussissoit à donner nos mœurs aux nations Sauvages. Personne aussi ne dis-
conviendra que les Sauvages ne peuvent prendre l'usage de se vêtir , de se
meubler , de se bâtir des demeures plus
commodes que leurs cabannes , sans
que de telles nouveautés soient un Luxe
pour eux, quand même dans tout cela
ils n'excéderoient pas la condition d'un
de nos médiocres paysans. En effet les
Sauvages se sont passés jusqu'ici de ces
recherches. Or dès que le Luxe auquel
ils s'adonneroient les enrichiroit , en
les engageant au travail qui est la source
de toutes richesses, comment le Luxe au-

roit-il un effet contraire parmi nous chez qui la force de ce reſſort doit avoir plus d'intenſité par la raiſon qu'au point où nous ſommes, les travaux doivent avoir plus de facilité & d'encourage-ment chez nous que chez un peuple qui commenceroit à ſortir de l'état pri-mitif?

LES préventions contre le Luxe ont leur ſource dans le défaut de réflexion & dans les mouvemens de l'envie & de la vanité. L'amour-propre trouve ſon compte à éclater contre le Luxe. On condamne des dépenſes où l'on ne peut atteindre, & l'on fait montre tout-à-la-fois de modeſtie, d'amour pour l'ordre & de zele pour la patrie.

CEPENDANT que de choſes les hom-mes doivent au Luxe! Ils lui doivent tout. La nature ſemble s'être repoſée ſur lui du ſoin d'ouvrir les tréſors de ſa fécondité. Elle s'eſt contentée de don-

ner à fes productions les propriétés
qu'elles comportoient fans déployer
ces propriétés , & de jetter fur la terre
les différentes efpeces de chofes qu'elle
vouloit qni exiftaffent fans fe mettre en
peine de les multiplier. C'eft le Luxe,
qui , preffant l'homme de travailler,
échauffant fon induftrie, ne lui donnant
aucun relâche , acheve les deffeins de
la nature. C'eft par le Luxe que les
fruits de la terre, maigres & revêches
dans l'état agrefte , prennent une forme
plus pleine & des faveurs plus exquifes.
Par lui les plantes utiles, cent fortes
d'animaux , les hommes même épars
en petit nombre dans leur origine , fe
font multipliés prefque à l'infini. C'eft
le Luxe qui nous a donné les vins, les
boiffons compofées, les étoffes , les uftenfiles & mille autres jouiffances, qui,
cachées comme fous un voile , étoient
perdues pour nous, s'il n'eût guidé la
main de l'induftrie & ne l'eût animée à
les découvrir. C'eft lui, qui, nous ayant

appris à bâtir, à conferver, à changer,
par une heureufe métamorphofe, des
biens d'une durée paffagere en biens
d'une durée permanente, nous affure
une exiftence douce, indépendante de
la variété des faifons & de leur inconf-
tance. Il allume le flambeau du génie:
il éveille les talens: les arts qui s'élevent
à fa voix en enrichiffant l'homme adou-
ciffent fes mœurs, étendent fon intelligence, & d'un ftupide féroce peu différent de la brute & prefque auffi miférable, forment un être fociable, éclairé,
dont les jours font accompagnés de douceurs qui corrigent les amertumes inféparables de la vie.

CHAPITRE VI.

Effets de l'extinction du Luxe. Le Luxe anime l'agriculture. Une grande nation uniquement agricole n'auroit pas toute la force ni tout le bonheur dont elle est susceptible. La pompe & les somptuosités des riches ne doivent point nous offusquer. Il faut des riches & des pauvres dans un État.

Imaginons que la plus grande partie du Luxe soit abolie & voyons les effets de ce changement. Les hommes désormais se contentent de cabannes dont la construction ne demande point d'art. Ils n'ont que très-peu de meubles & très-grossiers. Ils sont vêtus de peaux & n'ont pour ustensiles que l'usuel le plus borné. Du moment où l'on se restraint à ce point, voilà la moitié des habitans réduite à chercher de nouvelles ressources. D'un autre côté les propriétaires des revenus des terres, embarraffés de leur revenu, cherchent à les confommer. Ils accumulent les viandes fur leurs tables, font profufion de vins, nourriffent des meutes, beaucoup de chevaux, beaucoup de domeftiques. C'eft ce que l'on a vu dans tous les temps où les arts n'étoient pas pouffés affez loin pour que l'on connût un autre Luxe. C'eft encore ce que l'on voit dans les pays qui en font privés, comme en Pologne, en Hongrie & dans quelques endroits de l'Allemagne.

UNE partie des habitans délaiffés & devenus inutiles, s'attache à ces propriétaires pour les fervir ou pour leur faire cortége. Le refte fuit ou s'anéantit. Car il s'en faut que tous puiffent fe placer chez les propriétaires. Ceux-ci avec la même richeffe qui faifoit vivre ces ouvriers féparément chacun chez foi, ne font pas affez riches pour en entretenir le même nombre auprès d'eux

comme domestiques. Il est constant que
des gens qui vivent dans la maison &
aux dépens d'autrui, consomment beaucoup plus qu'ils ne feroient s'ils vivoient
en particulier à leurs propres dépens ;
outre que les maîtres consomment eux-
mêmes davantage , tant parce qu'ils
tournent leurs plaisirs de ce côté-là que
parce qu'étant dans l'abondance des comestibles , ils s'occupent moins d'économie. On peut établir que, dans ce
système la différence au desavantage de
la population , la production restant
toujours la même , est d'un quart à ne
rien exagérer. L'Etat perd donc déja
un quart de sa force.

LES arts étant abandonnés, une infinie quantité de matieres diverses reste
sans valeur & ne donne aucune jouissance. Il n'y a plus de commerce de
province à province ni même de ville
à ville : presque plus d'affaires ni d'intérêts qui nécessitent de voyager. Les

chemins déformais inutiles font négligés.
Ils dépériffent & fe détruifent. Les communications s'obftruent. Les correfpondances ceffent. On revient au temps où, comme fous le Roi Robert, c'étoit une grande entreprife d'aller à foixante lieues de chez foi.

DE ce défaut d'art, de ce défaut de communication naiffent immanquablement l'ignorance & la barbarie. De-là vient pareillement que le cultivateur ayant moins de reffources & d'intelligence, cultive moins & moins habilement & qu'il recueille moins ; que chaque canton refferré dans d'étroites limites, borné à fes propres reffources, fuccombe fous l'intempérie des faifons, & que l'on éprouve fréquemment de ces famines terribles dont les Capitulaires de Charlemagne & les anciennes Chroniques ont confervé la mémoire.

LA nation prefque réduite à la ré-

colte annuelle des productions comestibles, & n'ayant hors de-là ni pécule ni
richesse quelconque, est hors d'état de
rien payer autrement qu'en nature. De-
là l'obligation pour le Souverain d'exiger
de même le service en personne de la part
des propriétaires des revenus ; & de-là
suivroit encore la servitude du menu
peuple qu'on attacheroit à la glébe par
la difficulté pour les propriétaires des
terres de s'assurer de bons fermiers qui
exploitassent leurs biens. L'obligation
pour le Souverain d'exiger le service en
personne ôteroit tout moyen de tenir
long-temps de grandes forces assemblées,
& mettroit par conséquent le sort de
l'Etat au hazard d'une seule bataille.

En se traçant les suites inévitables
de l'extinction du Luxe, on se retrouve
dans la situation où la France étoit à la
fin de la seconde race de nos Rois :
temps où le Luxe que les Romains
avoient introduit dans les Gaules, & qui

avoit rendu long-temps ces provinces
l'un des principaux nerfs de leur Empire, étoit presque entierement éteint
par les troubles qui ne cesserent d'agiter la France sous les Mérovingiens &
sous les Carlovingiens. Alors, excepté
les nobles, les Ecclésiastiques & les
bourgeois de quelques villes, presque
tout le peuple étoit serf : sans les affran-
chissemens la plus grande partie de la
nation seroit encore *hommes de poeste,
main-mortable, gens de corps*. Alors les
redevances foncieres se payoient en nature; les services militaires se rendoient
en personne. Les guerres se faisoient
plus par excursions que par campagnes.
Une seule défaite décidoit du sort du
vaincu. L'ignorance & la barbarie
étoient complettes. C'est une observation tout-à-fait grave dans la question
présente de voir que l'anéantissement du
Luxe opéré par le fait des guerres & des
désastres continuels ait produit les mêmes
effets que la spéculation annonce devoir

arriver dans le cas où l'on pourroit au sein d'une nation paisible & non déja ruinée parvenir par des loix à éteindre le Luxe. L'extinction du Luxe soit par les loix soit par les mœurs, anéantissant l'émulation & les richesses, produit dans une nation l'effet d'une pauvreté causée par les ravages d'une guerre intestine continuelle ou par les vices d'une mauvaise administration.

Nous n'insisterons pas sur la qualité des mœurs ni sur l'ordre politique avilissant pour l'humanité que le système de renoncer au Luxe ne manqueroit pas d'introduire. Il n'y a personne qui ne sente combien un Royaume en une telle situation seroit malheureux; & l'idée que nous avons des siécles grossiers où cette situation étoit réalisée, n'est pas propre à nous inspirer le desir d'en voir le retour. Arrêtons-nous seulement sur l'effet qui résulteroit de ce système pour la puissance publique. Elle seroit détruite. Les arts centuplent la force des hommes, & fans le Luxe il n'y a point d'arts. Sans le Luxe il n'y a point d'émulation ; & dès-lors nulle ardeur pour le travail. L'agriculteur n'étant preffé que par l'intérêt de fon maître, fe néglige & s'engourdit. La production diminue & la population décroît dans la même proportion. Tous les moyens s'affoibliffent. Les terres les plus fertiles fe changent en friches. Les forêts s'étendent : & l'Etat qui, par l'influence féconde du Luxe, croiffoit en force & en fplendeur, énervé dès que le Luxe eft étouffé, n'offre plus que le fpectacle de la langueur & de la mifere.

La France préfente ce tableau fous Charles-le-Chauve. Les conceffions immenfes faites aux Moines, les vaftes défrichemens dont on leur a l'obligation, montrent combien alors le terrein avoit peu de valeur & combien il y en avoit d'abandonné. La petiteffe

des villes, les courfes des Normands qui
ne craignoient pas, quoiqu'en petites
bandes, de pénétrer jufqu'au cœur du
Royaume, & qui fe retiroient fouvent
vainqueurs, prouvent que le pays n'é-
toit que foiblement peuplé.

D'AUTRES évenemens tirés pareillement de notre Hiftoire manifeftent la
fupériorité de force & de puiffance que
le Luxe & les arts qu'il enfante produifent chez une nation. Céfar avec des
troupes peu nombreufes affujettit en dix
ans les Gaulois, peuple brave, aguerri;
mais qui vivoit dans la plus grande fim-
plicité & par conféquent fans richeffes
& dans l'ignorance de bien des arts. Les
Romains maîtres des Gaules, apporte-
rent le Luxe de l'Italie dans ce nouveau domaine. Le pays devint riche &
floriffant. Les Barbares de la Germanie
& du fond du Nord attirés par l'opulence des Gaules, y fondirent comme
un déluge. Ils étoient auffi fimples, auffi

peu

peu luxueux que les anciens Gaulois. Ils
furent repoussés durant trois cens ans
fans pouvoir s'y établir autrement que
comme fujets de l'Empire ; & s'ils par-
vinrent à y fonder leur domination, ce
ne fut qu'après avoir pris les arts & les
mœurs des Romains , qu'après s'être
formés fur leur modele & qu'avec l'aide
d'une partie des Romains mêmes.

LES Gouvernemens croyent volon-
tiers qu'il ne s'agit que de charger d'impositions les habitans des campagnes
pour les obliger à travailler. C'est l'esprit de la devife ayant pour corps une
charrue fillonnant un champ, & pour
ame ces mots *fecat & auget* , que prit le
Confeil des finances établi par le Régent
en 1717. En cela les Gouvernemens
font barbares & fe trompent lourde-
ment. Lors même qu'ils laiffent aux cul-
tivatéurs le moyen de travailler affez
fruétueufement pour fuffire à l'imposi-
tion, ils découragent, & bientôt l'impo-

fition ne rend plus ce que d'abord elle avoit rendu. Pour que l'impofition fe foutienne, il faut qu'elle ne dégrade pas la production ; & cet effet ne peut être évité qu'autant que l'impofition laiffe au cultivateur fur fes produits, après fes charges payées, un réfidu qui lui rende la vie douce, qu'il puiffe employer à des fatisfactions à fon gré, & qui, le récompenfant de fes peines, l'anime à les continuer. La politique le veut comme la juftice & l'humanité. Les productions de la terre font toujours en raifon du travail & de l'induftrie. Mais le cultivateur ne s'évertue qu'autant qu'il efpere trouver de fes denrées un débit qui tourne à fon profit. La confommation de ce qu'il recueille n'eft pas ce qui l'intéreffe. C'eft l'avantage qu'il en retire.

LE Luxe feul fournit les fatisfactions qui peuvent aiguillonner les propriétaires des productions & leurs agens, en créant des jouissances diverses. Il leur donne pareillement les débouchés nécessaires pour les denrées qui leur restent au-delà de leur subsistance, en créant des millions de consommateurs qui, payant ce qu'ils consomment, provoquent l'extension des cultures. Les consommateurs utiles que le Luxe crée, c'est-à-dire les ouvriers, les artistes qu'il employe, sont très différens des consommateurs onereux tels que le Gouvernement, les décimateurs, les propriétaires qui afferment leurs terres. Le cultivateur ne prend sur lui la charge de travailler pour ceux-ci qu'afin d'avoir de quoi donner à ceux-là. Les jouissances de Luxe qu'il espere sont un attrait qui lui fait porter ses efforts plus loin qu'il ne les porteroit, s'il n'étoit excité que par le besoin de pourvoir à sa subsistance. Sans cet attrait les bras lui tombent. Il n'a plus d'activité, & son existence cesse d'être profitable à l'Etat.

D'UN côté le cultivateur eſt excité par le Luxe à ſolliciter la terre de donner toutes les productions que ſon ſein peut fournir. Il a l'eſpérance de les échanger pour des choſes qui le dédommageront de ſes travaux. D'un autre côté, pour participer aux amples recoltes du cultivateur, les arts & l'induſtrie s'animent. Ils découvrent dans les choſes tous les uſages que leurs propriétés permettent d'en tirer au profit de l'homme. Il réſulte de-là qu'un pays eſt mis dans ſa plus grande valeur; que ſes habitans ont une vie aſſurée & gracieuſe; que l'Etat qu'ils forment eſt riche & puiſſant dans la proportion de ſon étendue.

LES productions comeſtibles en quelque abondance qu'elles ſoient, ne ſuffiſent point pour rendre une nation heureuſe ni puiſſante. Les arts ſeuls complettent le bonheur de l'homme, la ri-

cheſſe & la force d'un peuple. L'abondance des comeſtibles par de-là les beſoins de la ſubſiſtance n'eſt qu'un vain
amas ſans la facilité de les échanger
contre des jouiſſances & des utilités d'un
autre genre. Un peuple qui ne connoî-
troit que la culture & le nourriſſage des
beſtiaux, perdroit toutes les autres productions de ſon pays relatives aux autres arts, perdroit les fruits de ces arts;
& ne tireroit pas même de ſa culture &
de ſes troupeaux autant de produit qu'il
en tireroit avec le ſecours des différens
arts. Que de jouiſſances lui manque-
roient, & borné dans ſes connoiſſances
& dans ſes reſſources, combien aiſément il ſeroit la proie d'un peuple qui
viendroit l'attaquer avec toutes les forces que les arts ajoutent à celles de
l'homme !

O r les arts qui font le bonheur de
l'homme & la puiſſance des Etats, ſont
engendrés par le Luxe. On ne peut leur

attribuer aucun avantage qu'il ne faille reconnoître en même temps que cet avantage dérive du Luxe. Car sans le goût du Luxe, qui est tout simplement le goût d'une vie plus commode que celle où l'on seroit réduit sans le secours des arts, aucun art n'eût été inventé : l'homme ayant reçu dès le premier moment de sa création tout ce qu'il lui faut pour sa conservation, & les besoins nés de l'état de société, ayant comme l'état même de société, le goût du Luxe pour principe.

Un peuple uniquement agricole qui, recueillant plus de comestibles qu'il n'en pourroit consommer, échangeroit l'excédent de ses denrées avec un peuple voisin contre les productions des arts, auroit par ce trafic avec la même masse moins de jouissances que si les choses qu'il achete étoient fabriquées chez lui. Les frais de transport & de commerce emporteroient sans profit une partie des

denrées. Ce peuple auroit de moins
chez lui une grande quantité d'hommes
disponibles qu'il pourroit avoir & qui
augmenteroit sa force. Il ne tireroit
pas plus de parti des productions de son
pays relatives aux arts du Luxe que s'il
vivoit sans Luxe. Il auroit encore de
moins pour sa puissance, pour sa culture même, toutes les ressources qui se
trouvent nécessairement dans l'industrie
d'un grand nombre d'hommes dont la
tête & les mains sont exercées.

ETOUFFER le Luxe c'est briser la
charrue du laboureur ; c'est anéantir la
population ; c'est répandre la stérilité &
la misere sur un pays. Au contraire ce
même pays fleurira si vous laissez aux
habitans les moyens de jouir du Luxe.
Rompez les entraves qui retenant l'ef-
for de l'industrie & du commerce, mettent un frein aux desirs en augmentant
la difficulté de les satisfaire. Ne forcez
point les impositions. Bannissez-en l'ar-

bitraire. Que chacun à l'abri des véxations, sûr de jouir d'une portion raisonnable de ses gains, animé par l'espoir d'augmenter son bien-être, ait un juste sujet d'ardeur pour le travail & d'attachement pour sa patrie. Alors l'utilité du Luxe se fera sentir d'elle-même. Le bonheur des sujets, la richesse du Prince & sa puissance mieux que le raisonnement en démontreront les bons effets.

QUE la pompe & les somptuosités de l'opulence ne nous offusquent donc pas. Ce sont les pauvres qui inventent les choses de Luxe ; apparemment qu'elles leur sont profitables. Sans le Luxe leurs mains resteroient oisives. Des millions de malheureux languiroient dans l'indigence, & disparoîtroient bientôt de la terre pour n'être jamais remplacés.

LORSQUE nous observons les dépenses des riches, nous avons peine à nous défendre de les juger sévérement. Dé-

fions-nous de nous-mêmes. Craignons
en blâmant un éclat qui nous bleſſe, de
ſuivre moins l'impulſion d'une raiſon
éclairée que les mouvemens d'une ja-
louſie ſecrete. Il eſt dur ſans doute de
voir tant de différence entre le ſort d'un
homme & le ſort d'un autre homme.
Que faire ? L'inégale diſtribution des
richeſſes qui produit cette différence,
eſt inévitable dans un Etat & néceſſaire
à ſa proſpérité. Sans les grandes fortunes qui mettent à portée de payer les
recherches nouvelles, ſans le beſoin qui
rend ingénieux, qui force au travail,
une infinité d'arts ne naîtroient pas : aucun art ne ſortiroit de l'enfance : l'eſprit
humain demeureroit dans ſes premieres
ténebres : la ſociété reſteroit ſans force.
Il faut des pauvres & des riches dans un
Etat. De leur co-exiſtence, de leur concours dépend la félicité publique.

Ce n'eſt pas qu'il faille ôter aux uns

pour donner aux autres. Une monſtruoſité ſi barbare & ſi ſtupide n'entre point dans mon eſprit. Si l'inégalité des fortunes n'eſt pas l'ouvrage de circonſtances fortuites ou de la différence dans les caraƈteres & dans les talens des hommes ; ſi c'eſt l'autorité , le genre de l'adminiſtration qui fait pencher la balance ; alors au lieu d'être échauffés par l'émulation honnête dont les fruits enrichiſſent la ſociété , les cœurs s'infeƈtent d'une avidité ſordide. Cette paſſion , trouvant dans la corruption & dans la baſſeſſe les moyens les plus ſûrs de s'aſſouvir , & cultivant ces vices comme les ſeules qualités utiles , répand par-tout l'incapacité , l'aviliſſement , & par-là prépare la ruine entiere d'un peuple. Mais autant l'inégalité , produite dans la diſtribution des richeſſes par le caprice ou par la mal-adreſſe de l'autorité , préjudicie au bien général ; autant , ſous la meilleure adminiſtration , l'égalité con-

ftante de cette même diftribution , fi la
fuppofition en étoit admiffible , nuiroit
aux progès d'une nation.

IL en coûte à mon cœur de prononcer cette vérité. L'humanité ne cede
pas fans murmure à la raifon fur une né-
ceffité fi trifte. Mais fi c'eft une loi invariable , fi le bien général ne peut s'opérer que de cette maniere , foumettons-nous à la nature & ne réfiftons pas
à notre propre avantage par un mécontentement inutile. L'intérêt de la fociété a fait établir des Princes & des Rois.
On leur obéit, on fe dépouille pour eux,
quoiqu'ils ne different point du refte des
hommes. Son intérêt demande auffi
qu'elle ait des riches. Souffrons-les, &
loin de nous trouver humiliés par leur
fafte, confervant de nous-mêmes un
fentiment plus noble, furpaffons-les par
la capacité , par les lumieres, par la
vertu.

CHAPITRE VII.

LE resserrement volontaire des besoins ne se concilie point avec l'intérêt public. On a tort de penser que l'influence du Luxe sur les mœurs opere la ruine des Etats. Les mœurs ne sont pas meilleures chez une nation peu luxueuse que chez une nation qui a beaucoup de Luxe. Les reproches que l'on fait au Luxe par rapport aux mœurs viennent de ce que l'on n'a pas des idées nettes sur la morale civile.

DIOGENE enseignoit à resserrer la sphere des besoins. On s'enrichit selon lui à mesure que l'on apprend à se passer d'un plus grand nombre de choses. Quand il seroit vrai par rapport au bonheur des particuliers que l'abstinence équivalût à la jouissance; & que l'on gagnât plus pour le bien-être à s'épargner la peine d'acquérir ou de conserver, que l'on ne perdroit à renoncer aux avantages de la possession ; cette philosophie n'en seroit pas moins inconciliable avec l'intérêt public qui demande que l'Etat ait une puissance capable de se faire respecter au-dehors.

DANS une nation accoutumée à vivre de peu, les besoins de l'Etat sont presque les mêmes & coûtent autant que dans une nation qui se permet beaucoup de superfluités. Chez les peuples les plus luxueux, comme chez ceux qui le sont le moins, les soldats & les manouvriers employés par l'Etat, sont payés sur un pied qui approche très-fort du plus étroit nécessaire. Les mêmes travaux emportent la même quantité de matieres; &, si les chefs des entreprises doivent recevoir une rétribution plus forte chez un peuple luxueux, le secours que ce peuple emprunte des arts dont il connoît un plus grand nombre, contrebalance cet excédent & fait que, tout calculé, il exécute à moins de frais. Une nation dont les individus reſtraignent leur conſommation, dépenſe donc autant pour les beſoins publics qu'une nation dont les individus vivent avec moins d'épargne. Il réſulte de-là que, dans une nation auſtere, les dépenſes publiques ne peuvent être telles que le bien de l'Etat les demande ſans être exceſſives par comparaiſon avec les beſoins des particuliers; que l'excès de ces charges empêche une telle nation de pourvoir à ſes beſoins publics dans l'étendue néceſſaire; & que par conſéquent elle doit être foible, mépriſée & toujours dans le danger d'être envahie par le premier aggreſſeur.

On objectera peut-être que les charges de l'Etat, quoique exceſſives par comparaiſon, n'en peſent réellement pas davantage & que, quelles qu'elles ſoient, un chef de famille les ſupporte plus aiſément lorſqu'il conſomme peu que lorſ-

qu'il confomme beaucoup. Pour donner
de la force à ce raifonnement il faudroit
prouver que des hommes qui ne defi-
rent prefque aucune jouiffance, s'effor-
ceront , s'excéderont de travail fans autre objet que l'utilité éloignée & fouvent très peu fentie qui revient à chacun
des dépenfes publiques. Celui qui fe
paffe de peu, veut au-moins qué le repos le dédommage des jouiffances dont
il fe prive. Il n'eft pas dans la nature
humaine de s'agiter, de fe fatiguer fans
la perfpective de la récompenfe. C'eft
un principe que nous avons déjà pré-
fenté dans le cours de cet ouvrage &
que nous ne pouvons trop remettre fous
les yeux.

ADMETTONS pour un moment, contre
toute vraifemblance , que chez une nation auftere le zele patriotique porté
par l'éducation jufqu'à l'héroïfme, encourage à fournir aux befoins publics ,
quoiqu'ils excedent dans une grande

disproportion les besoins personnels du contribuable. Dans cette supposition même une nation avec des mœurs si respectables manque encore d'une consistence solide. Un Etat ne peut pas toujours prévoir ses besoins. Des conjonctures inopinées les augmentent. Il a provision d'armes, de munitions, d'outils, de machines. L'ennemi dans le cours d'une guerre malheureuse enleve ces magasins : le feu les consume : mille sortes d'accidens les épuisent. Quelle ressource aura dans ces circonstances une nation qui se réduit à la vie la plus frugale ? Aucune. On ne répare de semblables pertes avec la promptitude convenable que dans un pays dont les habitans accoutumés à jouir d'un ample superflu, ont toujours d'amples provisions de matieres de toute espece. Comme ils consomment ordinairement au-delà du nécessaire, ils prennent aisément sur leur dépense en un cas de détresse de quoi subvenir aux nécessités de l'E-

tat ;

tat ; & ce qui n'eſt pour chacun qu'une légere privation, forme pour la communauté un ſecours eſſentiel. Au contraire dans un pays dont les habitans conſomment peu, il y a peu de réſerve chez les particuliers ; & comme les habitans de ce pays ont borné leur conſommation ordinaire preſqu'au pur néceſſaire, ils n'en peuvent rien ſupprimer. Ainſi dans les cas malheureux & ſoudains qui mettent la prévoyance en défaut, la nation, qui reſſerre extrêmement ſes dépenſes, ſe trouve dépourvue & ſans moyen de défenſe. Quelque zele, quelque courage qu'on lui ſuppoſe, elle ne peut éviter enfin d'être aſſujettie ou détruite.

On reproche au Luxe de corrompre les mœurs, de dégrader l'ame, d'étouffer la vertu, d'introduire mille ſortes de vices & par de tels effets d'opérer la ruine des Etats. On dit auſſi que nous ne valons pas nos peres & que le genre

II. Partie. K

humain va toujours en dégénérant. Il y a deux mille ans que l'on tient de pareils discours sans que l'expérience de vingt siécles qui les démentent ait fait changer de langage.

L'HISTOIRE ne confirme par aucuns faits cette maniere de penser sur le Luxe. Pour nous en tenir à des temps & à des lieux connus, portons nos regards autour de nous, & parcourons les cinq derniers siécles. Depuis S. Louis jusqu'à présent le Lnxe n'a cessé de régner en France, & dans certaines périodes de cet intervalle de temps avec plus de profusion qu'aujourd'hui. Cependant depuis ce Roi la Monarchie Françoise n'a certainement pas diminué de grandeur. Il n'est arrivé depuis cinq cens ans dans la partie du monde que nous habitons aucune révolution que l'on puisse avec quelque ombre de probabilité attribuer à une dépravation de mœurs occasionnée par le Luxe. Si l'on excepte la prife de Conftantinople par les Turcs & l'expulfion des Maures intrus en Efpagne, évenemens dont les caufes réelles de même que celles de tous les évenemens politiques qu'on voudroit attribuer au Luxe n'ont nul rapport à l'influence du Luxe fur les mœurs, fi l'on fait, dis-je, ces deux exceptions, les principaux Etats qui partageoient l'Europe, il y a cinq cens ans, la partagent encore avec peu de différence dans leurs limites; bien que l'ufage d'un très-grand Luxe fe foit introduit dans quelques-uns de ces Etats avant cette époque, & n'ait point ceffé d'y continuer. Où font donc les ruines caufées par le Luxe? Et puifque, malgré fes effets durant un fi long efpace d'années, les grandes dominations fe font maintenues à-peu près dans les mêmes bornes, en vertu de quoi foutient-on que le goût du Luxe altere les mœurs d'une maniere préjudiciable au falut des Etats? Obfervez même que les plus puiſſantes de ces dominations ſont celles où le Luxe éclate davantage.

ON répete par-tout que la corruption des mœurs enfantée par le Luxe a ren-verſé la puiſſance Romaine ; on le dit bien légerement. Rome avoit commen-cé à ſe livrer aux plus grandes recher-ches du Luxe cent cinquante ans avant l'ere chrétienne. Néanmoins , malgré la forme de gouvernement très - vicieuſe établie chez les Romains par Auguſte , la domination Romaine ſe maintenoit encore ſans affoibliſſement trois cens ans après la naiſſance de Jeſus-Chriſt. Elle a continué d'exiſter dans l'Occident , quoiqu'en déclinant juſqu'en l'an de gra-ce 476 ; & dans l'Orient , ſous le nom d'Empire Grec, juſqu'en l'an 1453. Cette durée, à compter de l'introduction du Luxe à Rome, eſt de 1600 ans. Com-bien citera-t-on d'Empires, aſſis ſur des fondemens ruineux , qui ayent ſubſiſté

fi long-temps! L'opinion où l'on eft que
le Luxe a détruit la puiffance Romaine,
vient de ce que l'on regarde la révolution opérée dans Rome par Jules-Céfar
comme le terme de la domination Romaine. Cependant il n'eft alors arrivé
au peuple Romain que ce qui lui étoit
déja plufieurs fois arrivé depuis Romu-
lus, une mutation dans la forme de fon
gouvernement.

Sur le fondement que l'attrait des
jouiffances, ouvrant l'ame aux defirs, dif-
pofe les hommes à s'écarter de leurs devoirs & fait taire la voix de la con-
fcience, on fe perfuade que, dans un
pays dont les habitans ne font point éle-
vés à fe priver des fuperfluités, on doit
trouver moins de vertu que dans un
pays dont les habitans fe réduifent à
une vie plus fimple. Cette opinion fuppofe que, dans une nation qui vit d'une
maniere fimple, il y a moins d'objets
capables d'allumer la cupidité, & par

conféquent moins d'occafions où l'envie de fe contenter emporte au-delà des principes qu'on doit refpecter. Mais la réalité n'eft pas conforme à cette fuppofition.

Qu'une nation vive fplendidement ou pauvrement. Elle eft également expofée aux défordres qu'entraîne après foi la cupidité. Les paffions tirent leur force de la maniere dont le cœur de l'homme eft formé, bien plus que du nombre & de la valeur des chofes qui les allument. L'envie, la jaloufie, l'ambition, la vanité, toutes les affections de l'ame qui donnent naiffance à la cupidité, fe portent avec vivacité vers les petits objets, quand les grands objets leur manquent. Il n'y avoit rien de précieux à Lacédémone. On y voloit des bagatelles. Tarpeia dans les premiers temps de Rome, c'eft-à-dire dans un temps où Rome étoit pauvre, livra le Capitole aux ennemis de fa patrie pour un objet qui ne tenteroit en France la fidélité d'aucune personne de son rang.

TOUT est de comparaison. Ce qui n'est rien dans une circonstance est tout dans une autre. Un Prince Negre met autant de prix au cercle de plumes dont sa tête est couronnée, que le Mogol aux diamans qui décorent son trône.

Les choses de Luxe considérées au physique & relativement à la sensualité, sont de nature à n'inspirer qu'un goût modéré. La jouissance de ces choses offre des satisfactions douces que l'imagination ne sçauroit gueres exagérer. On ne se passionne point pour ces choses elles-mêmes. L'intérêt qu'on y met n'est pas assez grand. Il suffit pour exciter l'émulation. Il ne suffit pas pour donner de la passion.

L'HABITUDE de jouir des délicatesses & des agrémens du Luxe, est ordinairement plus forte que le goût qui les fait defirer. Cette habitude néanmoins, lors même qu'elle dégénére en befoin, ne preffe pas comme les néceffités véritables. Les befoins factices ne commandent pas auffi impérieufement que les premiers befoins. Un homme qui manque de pain ne refpecte rien pour en avoir. Il lui en faut. La nature irritée le pouffe à toutes fortes d'extrémités. Celui que la perte d'une partie de fon bien oblige à des retranchemens de dépenfes, fe paffe de ce qu'il ne peut avoir. Son exiftence pouvant continuer fans les commodités qui lui échappent, il écoute fa raifon & fe réfigne.

LES chofes de Luxe n'enflamment la cupidité, & ne jettent hors des bornes prefcrites que quand on recherche ou qu'on regrette ces chofes par un motif indépendant des plaifirs attachés à leur jouiffance. Quel motif fait defirer immodérément les moyens de vivre dans le Luxe? C'eft l'ambition de furpaffer ou d'égaler fes concitoyens, de les éblouir, d'obtenir de l'appui, de la confidération, du crédit; c'eft la crainte de tomber dans le mépris & trop fouvent le danger qu'il y a de ne pas paroître opulent. On n'afpire pas avec ardeur aux faveurs de la fortune pour le plaifir de fe livrer au Luxe; on fe livre au Luxe pour le plaifir d'étaler fa fortune, & plus encore en bien des cas pour l'augmenter. L'homme cupide, qui facrifie honneur, repos, tout à l'accroiffement de fes richeffes, & qui prodigue ces mêmes richeffes en dépenfes de Luxe, n'eft prefque jamais un homme fenfuel. La vanité feule l'anime, ou l'efpérance avide de fe procurer ainfi de plus grandes richeffes encore, de monter à de plus grandes places, d'avoir plus de pouvoir, plus d'autorité. Ce n'eft point un luxueux : c'eft un hypocrite de Luxe.

La vanité agit fur l'ame en raifon de

l'objet qu'a cette passion, & non en raison des moyens qu'elle employe pour se satisfaire. Ainsi par-tout où la vanité germe, elle a la même énergie, soit que des bagatelles lui suffisent pour obtenir ce qu'elle desire, soit que sa satisfaction tienne à des objets plus considérables. Or de quelque maniere que vive une nation, dès qu'elle admet la propriété des biens, il y a nécessairement chez elle des différences dans la fortune & dans la dépense des particuliers. Dès-lors à l'occasion de ces différences la vanité & par conséquent la cupidité doivent y exercer leur empire comme chez la nation la plus luxueuse. Ne voit-on pas dans les villages une très-petite dépense qu'un habitant fait de plus que les autres pour l'entretien de sa famille, produire autant de jalousie & de cupidité que l'éclat du plus grand Luxe peut en provoquer dans une capitale opulente? Parmi des paysans très-pauvres celui qui possede un médiocre troupeau

paffe pour riche: fes compagnons le regardent d'un œil d'envie, & fon fort
eft auffi vivement defiré par eux que le
comble de la fortune pourroit l'être.

De plus les dignités, les rangs, les
diftinctions ont lieu chez les nations policées, quelque fyftême qu'elles fuivent
à l'égard du Luxe, c'eft une fource de
cupidité qui leur eft commune à toutes.
Quelque vrai qu'il puiffe être que l'ab-
fence du Luxe garantiffe de quelques
tentations, la nation qui reftraindroit
fes jouiffances, n'en feroit pas pour cela plus affranchie des excès de l'avidité
& des baffeffes de la vénalité. Car par
un effet toujours conftant de la nature
de l'homme, fes defirs, lorfqu'ils ne peuvent s'exercer que fur un petit nombre
d'objets, s'y attachent avec plus d'a-
charnement que quand ils peuvent s'e-
xercer fur un plus grand nombre.

Nous ne voyons donc point que les

mœurs doivent gagner au rétréciſſement volontaire des beſoins, ni qu'on doive trouver plus de vertu dans un pays dont les habitans vivent durement, que dans un pays dont les habitans menent une vie plus douce. Chez les uns comme chez les autres c'eſt le même fond de paſſions, & les paſſions y ont les mêmes aiguillons ou des aiguillons équivalens.

Si l'on jette les yeux ſur les différens peuples qui ont couvert la terre & ſur ce que l'hiſtoire nous apprend des ſiécles paſſés, on voit plus d'atrocités, des actions plus révoltantes & en général des mœurs moins honnêtes dans les temps où l'on ne recherchoit pas les commodités & les agrémens de la vie, que dans ceux où on les a le plus recherchés. La raiſon en eſt ſenſible. Le goût des dépenſes conduit à la diſſipation, engage à communiquer continuellement les uns avec les autres. Par ce commerce, l'ame éprouvant des diſtractions, eſt moins fufceptible de paffions fortes; & la néceffité de complaire à ceux avec qui l'on communique habituellement accoutume à fe maîtrifer foi-même. Toutes ces circonftances font que les hommes dans une nation opulente & qui jouit de fon opulence, font doux, modérés, éloignés des grands crimes.

EXAMINONS dans notre propre pays les dernieres claffes du peuple. Ceux qui les compofent, n'ont aucun fuperflu ni nul deffein de s'en procurer. Le défaut abfolu de moyens leur en ôte la penfée. Quelles font leurs mœurs? Comparons-les avec celles des habitans qui vivent dans l'aifance & qui goûtant déja dans un certain degré les douceurs du Luxe & pouvant efpérer d'augmenter leurs jouiffances, peuvent être plus fortement tentés d'accroître leur fortune. Eft-il équivoque que les mœurs des moyennes claffes du peuple l'emportent en bonne qualité fur celles des dernieres claſſes ?

LE reproche que l'on fait au Luxe d'altérer les mœurs d'une maniere nuiſible à la proſpérité publique, vient de ce que l'on ne diſtingue pas les mœurs qui ſuffiſent au bonheur de la ſociété d'avec les mœurs que preſcrit l'eſprit de ſcrupule & d'exactitude rigoureuſe. On n'a pas des idées aſſez nettes ſur la morale civile. On la confond ordinairement avec la morale contemplative. Il y a pourtant bien de la différence à faire entre ces deux morales en fait de politique.

LA morale contemplative tend à nous déterminer par un amour pur & déſintéreſſé de la rectitude, ou à nous détacher des choſes terreſtres pour tourner nos vues vers les récompenſes éternelles. Conſidérant les actes en eux-mêmes

indépendamment de tout rapport avec
la société & feulement dans leur relation avec les regles de la perfection,
elle ne tolere aucuns écarts. La morale
civile, qui n'a pour but que la douceur,
la fureté du commerce des hommes entre eux & le maintien de l'ordre public, n'exige pas l'obfervation étroite de
tous fes préceptes. Elle admet tous les
relâchemens qui peuvent s'accorder
avec l'exiftence tranquille & profpere
de la société. En jugeant des mœurs par
l'efprit de la morale contemplative, on
peut en effet trouver que le goût du
Luxe dans certaines ames trop mondai-
nes pour fentir le prix d'une pureté parfaite, affoiblit la pratique & l'autorité
de quelques-uns de fes dogmes. Mais
en jugeant des mœurs par l'efprit de la
morale civile, on ne voit rien de pernicieux dans les relâchemens infpirés
par le goût du Luxe, tant qu'ils ne troublent point l'harmonie de la fociété, tant

qu'ils ne gênent pas le mouvement de
ses ressorts.

En effet la machine politique roule
sans embarras malgré ces irrégularités.
Pourquoi s'en mettroit-on en peine ?
Elles sont sans conséquence ; & la cause
qui les produit, produit aussi mille avantages importans. C'est trop peu dire.
Sans le goût du Luxe, nous l'avons ob-
servé déja , non-seulement la société
languiroit , mais même elle se rom-
proit. Ce goût est le lien qui unit les
hommes. D'après cela de quelle utilité
peuvent être les satyres que l'on fait du
Luxe ? A quoi bon alléguer des inconvéniens contre une chose dont on ne
sçauroit se passer ? Il y a de très-gran-
des incommodités attachées à la nécessité de manger. Qu'une plume élo-
quente les peigne fortement pour nous
engager à nous affranchir de cette nécessité ; tout en reconnoissant la vérité

de

de ſes tableaux, on continuera de manger.

REMARQUEZ tant que vous voudrez des inconvéniens dans le Luxe, vous n'en ſerez pas moins obligé de l'adopter ou de vivre ſolitairement comme les loups. Vainement prétendrez-vous mettre une diſtinction entre l'aiſance & le Luxe. Où marquerez-vous les bornes de l'aiſance ? Regardez-y-bien : vous ne pourrez les établir ſans empiéter ſur le domaine du Luxe.

QUAND on vous accorderoit que l'aiſance doit être diſtinguée du Luxe, comment la fixeriez-vous pour chaque citoyen, ou même pour chaque ordre de citoyens ? Vous manquez d'élémens capables de vous guider dans cette opération. A peine l'auriez-vous entrepriſe pour une ou deux claſſes d'habitans, que vous vous verriez contraint d'y renoncer & d'avouer que dans les chofes à l'ufage de l'homme il n'y a véritablement que deux efpe-ces, le *Luxe* & le *néceſſaire*.

CHAPITRE VIII.

Les exemples tirés de l'antiquité ne concluent rien contre le Luxe. Les mœurs ne dépendent point du Luxe, mais de la constitution de l'Etat & de la doctrine répandue dans une nation. Comme il est impossible dans l'état de société de se passer de Luxe, c'est une nécessité que la morale s'accorde avec le goût du Luxe.

Les principes de vertu font fans doute abfolument néceffaires dans une nation. Les vices la conduifent à fa perte. Un Etat ne fubfiste & n'a de force que par l'attachement aux devoirs qu'impofe la fociété. Mais tous les vices & toutes les vertus n'intéreffent pas également la confervation d'un Empire. Toutes les obligations fociales ne font pas fi strictes qu'elles n'admettent quelques extenfions. Il y a même des infractions réelles & très-communes qui n'attaquent point la prospérité publique. Un systême de morale, reçu chez plusieurs peuples, n'est pas dans tous ses points aussi essentiel pour chacun de ces peuples. Le bien d'une petite nanation demande l'assujettissement le plus sévere à tel précepte qui peut sans conséquence être négligé d'un grand nombre chez une nation plus considérable.

L'OBJET des hommes dans leur réunion en corps d'Etat differe de l'objet des hommes qui se réunissent en un cloître. Les premiers ne s'occupent que de la vie présente. Ils ont pour but de la rendre aisée, agréable & tranquille. Les seconds sont censés ne penser qu'à la vie future. Ceux-ci ne sçauroient s'imposer une discipline trop rigide. Ceux-là doivent au contraire ne s'attacher dans leurs réglemens qu'à ce qui concourt au bonheur temporel, & laisser pour le reste à chaque particulier le soin de se juger soi-même au for de la conscience.

CERTAINEMENT la févérité des mœurs, la régularité domeftique font dignes de louanges. Loin de moi l'intention de diminuer le mérite de ces vertus ! Mais toutes confolantes, toutes fructueufes qu'elles font pour ceux qu'elles rendent recommandables, elles n'ont pas pour la profpérité d'un Royaume l'importance qu'on leur attribue. Quand une fois les principes de l'honneur & de la vraie probité font affez généralement pratiqués & refpectés dans une nation pour effectuer la fureté commune, la morale a rempli tout ce que la politique doit en attendre Il faut chercher dans d'autres fources le bonheur & la puiffance d'un peuple. Quelles font ces fources ? Les moyens phyfiques ; le développement & l'énergie des facultés de l'efprit & du corps ; l'habileté dans les arts de la paix & de la guerre ; la capacité dans les affaires ; le patriotifme éclairé, c'eft-à-dire l'efprit de communauté. Voilà d'où dérive principalement

la fortune publique. Voilà les objets qui
doivent principalément fixer l'attention
de l'homme d'Etat : leur poids entraîne
le reste.

Il a exifté de petits peuples qui livrés à une pauvreté volontaire ou contrainte, n'ont pas laiffé d'exécuter de
grands faits de guerre. On en conclud
que l'on doit vivre comme eux, fi
l'on veut s'illuftrer comme eux. On
n'obferve pas que ce n'eft point leur
pauvreté qui a fait leurs fuccès ; qu'ils
les ont dus à l'enthoufiafme de leurs
vertus produit par l'enfeignement qu'ils
recevoient, à l'attention qu'ils donnoient à leurs affaires, à leur application au métier des armes, & que leur
pauvreté étoit un obftacle qu'ils ont eu
de plus à furmonter. On n'obferve pas
que leurs rivaux avoient bien peu de
puiffance, qu'ils vivoient pour la plûpart auffi durement qu'eux, & que fi les
vainqueurs & les vaincus avoient la mê-

me maniere de vivre, ce n'eſt pas dans cette maniere de vivre qu'il faut chercher la cauſe de la victoire.

(D'AILLEURS on ne prouve pas l'excellence de la morale d'un peuple par ſes triomphes dans la guerre.) Les Flibuſtiers, qui ont fait trembler le nouveau Monde, & qui ont réuſſi dans les entrepriſes les plus téméraires par des prodiges de valeur, étoient des bandits. (Les Tartares, qui ont conquis la Chine, étoient des brigands. Quelles gens que les Pizarres & leurs compagnons! Ils ont ſoumis & maſſacré un peuple doux, habitué à la pratique des vertus ſociales. Pour vaincre il ſuffit de ſçavoir mieux la guerre & d'y être plus exercé que l'ennemi. Rien n'eſt plus étranger à la ſageſſe des mœurs. Ce n'eſt pas dans un camp au milieu de la licence & de la férocité ſoldateſque qu'on apprend à les régler.

L iv

Les Sybarites ont été détruits par les Crotoniates. Si cet événement ne doit pas être attribué aux malheurs ordinaires de la guerre, & si la molleſſe des Sybarites a cauſé leur ruine, qu'en conclure? Sinon qu'en ſe permettant les douceurs, les agrémens de la vie; il ne faut négliger ni la guerre, ni aucun des arts qui aſſurent la puiſſance.

On allegue les exemples ſi ſouvent cités des Romains, des Spartiates. Comme ſi les Romains étoient puiſſans dans le temps de leur frugalité; & comme ſi les Spartiates, autrement environnés qu'ils ne l'étoient, euſſent pu, en conſervant leur pauvreté, ſe rendre redoutables à leurs voiſins, ou même euſſent pu ſe maintenir.

Toutes les fois qu'on a cité ces exemples anciens dans la vue de décrier le goût des dépenſes & des jouiſſances

variées comme préjudiable à un Etat
en ce que l'on prétend que ce goût
éteint celui de la vertu, comment n'a-
t-on pas été retenu par une obfervation
frappante ? La Grece ne renfermoit
point de peuples chez qui les arts, la
magnificence, la recherche du plaifir
ayent plus régné que chez les Athéniens.
Leur hiftoire cependant fournit plus de
dits & de geftes admirables, plus d'ex-
ploits fameux publics & particuliers,
que celle des Spartiates dont on vante
l'auftérité.

PARMI les hommes illuftres de Plutarque & de Cornelius Nepos il y a fix
Lacédémoniens & quinze Athéniens. A
ceux-ci il faut ajouter Socrate & Platon
que Plutarque & Cornelius Nepos ont
paffé fous filence comme n'ayant été ni
Généraux d'armée ni Miniftres des affaires publiques, & qui n'en font pas
moins des hommes illuftres. Du nombre des fix Lacédémoniens font Paufanias

& Lyſander , qui, tous les deux habiles ſans doute & renommés par des faits éclatans , n'étoient pas néanmoins à beaucoup près des gens de bien (*a*).

En général les mœurs des Spartiates, brillantes à certains égards, étoient au fond de très mauvaiſes mœurs. L'enthouſiaſme les a exaltées ſans examen. La ſaine raiſon les réprouve.

Le véritable prix des mœurs, quand

(*a*) M. Melon, *Eſſ. pol. ſur le Comm. chap. IX.* a fait la même obſervation. Mais dans la comparaiſon qu'il fait des Lacédémoniens avec les Athéniens il s'eſt borné aux hommes illuſtres de Plutarque , & il n'en a pas parlé avec exactitude. Il dit : *Parmi les hommes illuſtres de Plutarque il y a quatre Lacédémoniens & ſept Athéniens :* ſans compter *Socrate & Platon oubliés.* Plutarque a donné la vie de cinq Spartiates en quatre articles , qui ſont *Licurgue , Lyſandre , Ageſilas , Agis & Cléomenes ;* & la vie de neuf Athéniens. Sçavoir *Solon , Thémiſtocles , Periclès , Alcibiades , Ariſtides , Cimon , Nicias , Phocion , Démoſthenes.* Plutarque n'a point oublié *Socrate* ni *Platon.* L'hiſtoire de ces deux Philoſophes n'entroit pas dans ſon plan.

on les regarde uniquement par rapport
à la société & sans les envisager par rapport à la vie à venir comme les mœurs
civiles doivent être confidérées, confifte
à rendre les hommes auffi heureux qu'ils
peuvent l'être durant leur féjour fur la
terre. Les mœurs fous cet afpeét font
d'autant meilleures qu'elles complettent
davantage le bonheur & qu'elles l'affurent d'une maniere plus folide. C'eft la
vraie pierre de touche d'après laquelle
on doit en juger.

LE s Spartiates étoient braves, vail-
lans, épris de l'amour de la patrie &
de la liberté. Mais ils étoient perfides,
ingrats, jaloux de tout mérite, arro-
gans, avides de dominer, injuftes, in-
humains, fouvent bas. Leur société
n'offroit ni agrémens ni douceur ni fureté. Telle eft l'idée qu'on eft forcé de
prendre de ce peuple, d'après les divers traits que l'Hiftoire ancienne nous
a confervés.

NE remontons point aux fiécles de l'antiquité. Trop d'obfcurité les couvre. Les faits que l'on nous en rapporte font ifolés, en petit nombre. Ils ne peuvent être affez bien connus dans leurs détails, ni dans leur rapport avec les caufes de l'infortune ou de la profpérité des nations auxquelles ils appartiennent, pour fervir aujourd'hui d'appui à des fyftêmes politiques. On ne doit pas établir des idées de ce genre fur des bafes fi incertaines. Les erreurs en pareille matiere font de trop grande conféquence. Elles commettent la puiffance & le bonheur des peuples.

LES temps modernes offrent des faits plus certains, plus concluans. Nous habitons un Royaume & nous avons pour voifins des Etats où le Luxe domine depuis long-temps. On ne vit pas à la Spartiate en Italie, en France, en Angleterre. Ces pays s'en font-ils moins illuftrés dans la guerre ou dans la paix?

Combien, à ne compter que depuis deux cens ans, n'ont-ils pas produit de Généraux renommés, d'Ecrivains célebres, de Miniſtres habiles, de Magiſtrats éclairés, d'inventeurs & d'artiſtes diſtingués ? Que de traits de bravoure, de capacité, de grandeur d'ame, de fermeté, d'habileté, de déſintéreſſement ne remarque-t-on pas dans cet eſpace de temps chez les peuples qui habitent ces grandes contrées, traits capables de faire honneur à l'ancienne Grece & à l'ancienne Rome ? Et combien encore dans les grandes nations ne ſe fait-il pas d'actions mémorables qui, perdues dans le nombre, demeurent ignorées !

Dès qu'il exiſte des nations puiſſantes où le goût des jouiſſances n'eſt borné que par les moyens, & chez qui l'on trouve les qualités morales eſſentielles au maintien des Etats ; dès que ces nations fleuriſſent (car certes l'Angleterre,

la France, l'Italie fleuriffent en comparaifon de l'Efpagne où l'on fe nourrit
d'oignons, de la Suede où il y a des loix
fomptuaires, de la Pologne où le peuple eft nud); il faut avouer ou que
le goût des jouiffances, en changeant
les mœurs, ne les rend pas plus mauvaifes; ou que la police, en laiffant à
ce goût toute fon activité, en rectifie
affez les mauvais effets pour qu'ils ne
préjudicient point au falut de l'Etat.

L'EXTENSION des jouiffances n'a rien
en foi qui s'éloigne de l'innocence & de
la vertu. Il eft même plus conforme à
la vraie fageffe de profiter des bienfaits
de la nature que de s'y refufer. Les vertus utiles font plus praticables dans l'o-
pulence que dans la pauvreté; & l'auftérité amene néceffairement la pauvreté,
comme le defir de jouir, en évertuant
toutes les facultés, amene ordinairement
l'opulence. Si l'opulence donne des fa-
cilités pour fuivre le penchant qui porte

vers certains vices ; la pauvreté, nour-
riffant l'ignorance & la groffiereté, entretient ou fortifie d'autres vices plus
pernicieux & plus odieux. N'infiftons
point davantage fur ce parallele. Ce
n'eft abfolument point dans le plus ou
dans le moins de jouiffances qu'un peuple fe permet qu'il faut chercher les
caufes de fa morale quelle qu'elle foit.

LES mœurs naiffent de la conftitution du Gouvernement & de la doctrine répandue dans une nation fur tous
les objets qui l'intéreffent. Quand la
doctrine que fuit une nation eft faine,
quand fa conftitution eft fage; alors,
foit que cette nation fe livre au Luxe,
foit qu'elle ne s'y livre pas, fes mœurs
font bonnes : elle pratique les vertus;
& l'adminiftration joignant les châti-
mens & les récompenfes à la force de
l'opinion générale, le vice trouve tant
de barrieres & fi peu d'avantages que
le nombre des vicieux eft toujours trop

petit ou le genre des vices de trop petite
conféquence pour nuire à la confervation de l'Etat.

La doctrine d'une nation fur les objets qui l'intéreffent, la conftitution de
fon gouvernement dépendent de la maniere dont elle eft inftruite. C'eft donc
primitivement de l'inftruction que dépendent les mœurs. Inculquez par une
bonne éducation les principes d'honneur, de juftice, de vertu, appuyez-les,
non fur des notions fauffes ou confufes,
mais fur des idées nettes & faines. Que
vos difciples foient bien pénétrés de
l'augufte maxime : *N'ufurpe point & ref-*
pecte-toi : maxime plus précife que l'ancien adage fi connu : *Ne fais point à au-*
trui ce que tu ne veux pas qu'il te faffe.
Pourvoyez par la forme de la conftitution de l'Etat à ce qu'il foit utile de fuivre ces principes. Vous reconnoîtrez
que les jouiffances du Luxe, innocentes

centes en elles-mêmes, n'alterent pas la pureté des mœurs.

L'INFLUENCE de l'instruction est toute puissante. Les Religions se sont propagées & se maintiennent par l'enseignement. Laissez aux Lettres un libre essor. Que nulle contrainte n'étouffe la voix de ces hommes qui, voués à l'étude, réfléchissent pour le genre humain & l'enrichissent des fruits du génie & de la méditation. Toutes les réformations nécessaires au bien public éclôront successivement sans tumulte & sans trouble. Si l'erreur s'empare de quelques esprits & profite de la liberté pour répandre ses prestiges, mille contradicteurs s'éleveront à la faveur de cette même liberté. Le flambeau de la critique & de la discussion dissipera tous les nuages & rien ne s'établira qui ne soit empreint du sceau de la raison & de la vérité.

Au reste quelque chose que l'on dise

II. Partie. **M**

de l'influence du Luxe fur les mœurs ; comme les hommes ne fe font confédérés que pour fe procurer des jouiffances de Luxe ; & que l'attrait qui porte vers ces jouiffances, eft la feule fource de la puiffance & du bonheur de la fociété, il faut s'accommoder malgré foi de la morale telle qu'elle peut fubfifter avec le goût du Luxe. Sans doute cette morale, à ne confidérer que l'utilité temporelle, 'eft fuffifamment bonne, puifque la fociété ne peut exifter fans morale ni fans Luxe : & que non-feulement les fociétés, dont le maintien eft le feul but de la morale civile, exiftent depuis long-temps; mais encore qu'elles ont été plus heureufes, plus nombreufes & plus puiffantes à mefure qu'elles ont connu plus de Luxe, lorfque la nature de leur gouvernemént ne les a pas fruftrées des avantages que ce reffort produit.

ME voici arrivé au terme de la carrière que je m'étois prefcrite. Je l'ai four-

nie suivant mes forces. O hommes,
vous sur-tout Peuple François à qui mes
veilles sont particulierement consacrées,
pesez scrupuleusement le systême que
je propose ! Le goût du faste Asiatique
ne dirige point ma plume. Les attraits
d'une mollesse efféminée ne m'ont point
corrompu. Mes plus cheres délices,
celles qui me dominent, n'empruntent
pas leur pouvoir de la sensualité. Le
charme de ma vie est la retraite, l'indépendance, l'étude. Dans la paix du
cabinet, sous l'œil des Muses & de la
Philosophie, je m'occupe, & les jours
& les nuits, de spéculations sérieuses.
Ma plus vive jouissance est l'espoir de
découvrir des vérités utiles. Je défends
le Luxe & je vis privé de ses plus grandes
douceurs sans éprouver aucun regret.
L'amour du genre humain, le bonheur de
tous & principalement le bonheur de
ma patrie, voilà les motifs qui me donnent la confiance d'attaquer une opinion profondément enracinée.

On accuse communément le goût du Luxe d'être le fléau des Etats. L'examen des effets de ce goût me le présente sous une face toute différente. L'extinction ou même une grande diminution du Luxe me paroissent devoir entraîner à leur suite la misere, la barbarie, une immense dépopulation ; au contraire le Luxe libre, sous un gouvernement bien ordonné, me semble devoir amener l'abondance, la richesse, la félicité publique. Ces idées importantes & trop ignorées jusqu'ici me frappent. Je me leve & je les annonce. Tel est l'esprit qui m'anime. Le zele n'est pas un garant des lumieres. Mais si les intentions les plus pures peuvent rendre un travail en quelque forte recommanble, le mien a droit à l'attention des personnes qui pensent.

MES soins vigilans, ma constante application peuvent bien n'avoir pas suffi pour me préserver des piéges de l'illusion. Je demande de l'indulgence & peut-être il m'en est dû. Quand on croit pouvoir détruire une opinion funeste, on est louable de l'entreprendre ; il n'est pas même permis de se taire.

Si quid novisti rectius istis
Candidus imperti. Si non; his utere mecum.

Fin de la seconde Partie.

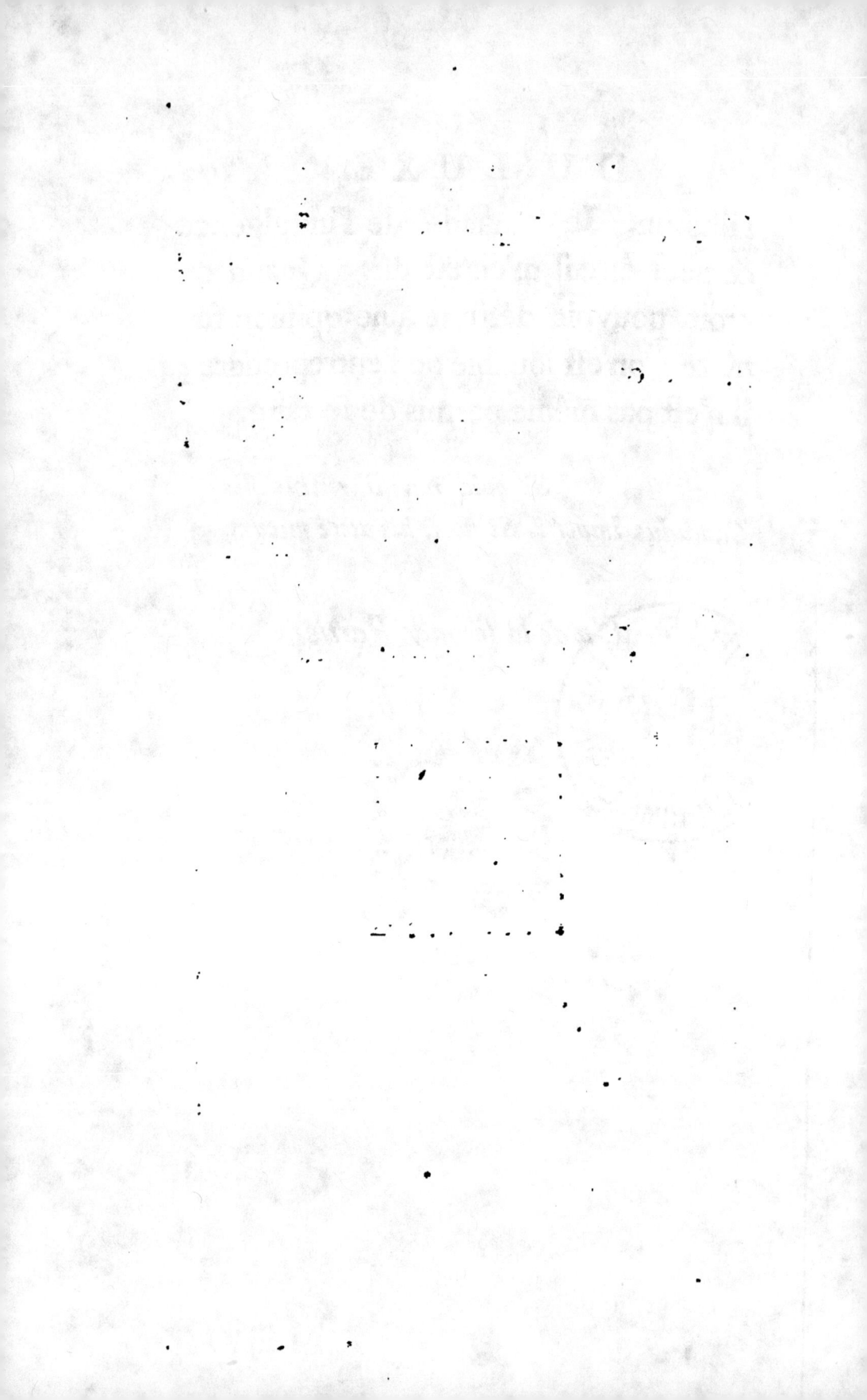

APPENDICE.

DISSERTATION

SUR LE SENS PRIMORDIAL

DU MOT LUXE.

LE sens primitif du mot LUXE confirme la définition qui a été donnée de ce mot dans la premiere Partie de la Théorie du Luxe au chapitre cinquieme. Exposition du sens primitif du mot LUXE. Preuves du sens que, selon nous, ce mot a eu dans son origine.

LE sens primordial du mot *Luxe* confirme la définition qu'on a donnée de ce mot dans la premiere Partie de la Théorie du Luxe au chapitre cinquieme. Les détails, que cette dissertation contient, le prouveront, & à ce que l'on espere, très-démonstrativement. On auroit souhaité pouvoir supprimer ou du moins abréger la discussion grammaticale dans laquelle on va entrer. Mais on a cru qu'on ne pouvoit même réduire cette dicussion dans des bornes plus étroites sans courir risque de voir subsister des doutes auxquels on voudroit ne laisser aucun fondement.

Le mot latin *Luxus* d'où est dérivé le mot françois *Luxe*, signifie au propre purement & simplement *surabondance*, *ce qui est au-delà du nécessaire*, *le superflu*. On le voit par des passages de différens Auteurs dont la bonne latinité est incontestable : dans lesquels *Luxus*, les synonymes qui en sont formés & les mots qui en dérivent ne sont employés que pour exprimer le sens de *superflu* sans autre idée accessoire, ou pour exprimer deux autres sens, sçavoir celui de *magnificence* & celui de *surabondance* qui rentrent absolument dans le sens de superflu, & qui l'ont si évidemment pour base qu'on sent qu'ils ont dû être présentés l'un pour l'autre indifféremment par une figure ufitée dans toutes les langues, appellée métonymie, fuivant laquelle on prend le plus pour le moins & l'efpece pour le genre. En effet dans l'acception de furabondance le mot *Luxus*, quoique pris au figuré, ne s'éloigne point de fon fens propre : la furabondance n'étant jamais bien marquée que quand il y a plus qu'il ne faut, c'eft-à-dire, quand il y a *fuperflu*. Dans l'acception de *magnificence*, il ne s'éloigne point encore de fon fens propre : la magnificence réfultant de l'abondance des chofes & de la recherche dans leur qualité fort au-delà du néceffaire & par conféquent fe compofant du fuperflu.

VIRGILE dans fes Géorgiques fe fert des mots *luxus*, *luxuries* & *luxuria* pour fignifier *la croiffance SUPERFLUE du bled en herbe* (a), *la SURABONDANCE*

_____

(a) *Quid qui, ne gravidis procumbat culmus ariflis Luxuriem fegetum tenerâ depafcit in herbâ Cum primum fulcos æquant fata? . . . .*

des feuilles (b), le SUPERFLU, la SURA

« Que dirai-je de celui qui craignant que le chau-
» me ne succombe sous la pesanteur de l'épi, fait
» paître la *croissance SUPERFLUE* des bléds (à la
» lettre *LE SUPERFLU*, la *SURABONDANCE des*
» *bleds*), lorsqu'ils sont encore en herbe & qu'ils
» commencent à égaler le dos des sillons ».

Georg. lib. I. vers III & suiv.

Min-Ellius, un des meilleurs Scholiastes qu'il y ait
& qui a fait sur Virgile de même que sur plusieurs
autres Auteurs anciens des notes courtes qui sont
excellentes, commente *luxuriem segetum* par *abun-
dantiam pinguium culmorum.*

Ces mêmes mots *luxuriem segetum*, sont expliqués
par *superfluitatem herbarum in agris* dans les commentaires sur Virgile que nous avons sous le nom de
Julius Pomponius Sabinus, & que Vossius attribue
à Julius Pomponius Lætus.

(b) *Contemplator item cum se nux plurima silvis*
Induet in florem & ramos curvabit olentes,
Si superant fœtus, pariter frumenta sequentur.
Magnaque cum magno veniet tritura calore.
At si luxuriâ foliorum exuberat umbra,
Necquicquam pingueis paleâ teret area culmos.

« Observez dans les bois les amandiers: lorsqu'ils
» commencent à fleurir & qu'ils courbent leurs ra-
» meaux odorans. Abondent-ils en fleurs, l'été sera
» chaud & la récolte heureuse. Mais si la *SURA-*

BONDANCE dans la nourriture des be-
ftiaux (c). Dans le même poëme le

» *BONDANCE* des feuilles épaiffit l'ombre, vaine-
» ment battra-t-on dans l'aire des gerbes qui ne fe-
»..ront riches qu'en paille ».

Georg. lib. I. vers 187 & fuiv.

Min-Ellius explique le mot *luxuria* dans ce paffage
par *abundantiâ inutili* : la vraie traduction d'*abundantiâ inutili* eft *furabondance*.

(c) *Ipfâ autem macie tenuant armenta nolentes*
Atque ubi concubitûs primos jam nota voluptas
Sollicitat, frondefque negant & fontibus arcent.
Sæpe etiam curfu quatiunt & fole fatigant
Cum graviter tonfis gemit area frugibus & cum
Surgentem ad zephirum paleæ jactantur inanes.
Hoc faciunt nimio ne luxu *obtufior ufus*
Sit genitali arvo & fulcos oblimet inertes,
Sed rapiat fitiens venerem interiufque recondat.

« Au contraire on empêche les jumens d'engraif-
» fer ; & lorfque le plaifir qu'elles connoiffent déja
» réveille leurs defirs, on les prive de fourage, on
» les éloigne des fontaines ; on les exerce fouvent
» à la courfe, on les fatigue pendant la chaleur du
» jour, tandis que l'aire gémit fous le fléau & que
» les pailles qu'il fait voler deviennent le jouet des
» vents. On en ufe de la forte de peur qu'un trop
» grand SUPERFLU (une trop grande *furabondance*)
» de nourriture n'émouffe leur fenfibilité & n'en-

verbe *luxuriat* formé de *luxuria* ne peut avoir d'autre sens que celui d'*abonder*, *surabonder* (*d*). Le mot *luxus* est em-

---

» gourdisse leur organe; & afin que brûlant d'ar-
» deur elles saisissent avidement la semence & s'en
» impregnent plus profondément ».

Georg. lib. III. vers 129 & suiv.

Taubman dont les commentaires sont fort esti-
més, interprete *luxu* dans ce passage par *pabuli copiâ*.

(*d*) *Necnon & pecori est idem delectus equino:*
Tu modo, quos in spem statuis submittere gentis
Præcipuum jam inde à teneris impende laborem
Continuò pecoris generosi pullus in arvis
Altius ingreditur & mollia crura reponit.
Primus & ire viam & fluvios tentare minaces
Ardet & ignoto sese committere ponti;
Nec vanos horret strepitus: illi ardua cervix
Argutumque caput, brevis alvus, obesaque tergâ;
Luxuriatque toris animosum pectus.

« Il faut le même soin pour les haras: observe
» attentivement dès les plus tendres années les pou-
» lains que tu veux choisir pour continuer l'espece.
» Un poulain de bonne race s'enfonce hardiment
» dans les champs & pose ses pieds avec souplesse.
» Il va le premier: il ose tenter le passage des fleu-
» ves menaçans, & ne craint pas de s'exposer sur
» un pont inconnu. De vains bruits ne l'épouvan-
» tent pas. Il a l'encolure haute & relevée, la tête

ployé en deux endroits de l'Enéide pour *magnificence* (e).

» effilée, le ventre court, la croupe ronde : son poi-
» trail plein *furabonde* de mufcles ».

Georg. lib. III. vers 72 & fuiv.

(e) *At domûs interior regali fplendida luxu*
Inftruitur.

« Cependant on orne l'intérieur du palais avec
» une magnificence royale ».

Eneid. lib. I. vers 641.

Lucent genialibus altis
Aurea fulcra toris, epulæque ante ora parata
Regifico luxu.

« D'autres couchés fur des lits fuperbes ont de-
» vant les yeux une table fervie avec une magnifi-
» cence royale ».

Eneid. lib. VI. vers 602.

Min-Ellius explique *regali luxu* du premier paffage
par *abundanti ornatu regiam majeftatem decente* ; & *re-*
gifico luxu du fecond paffage par *fuperfluo & magnificò*
apparatu à Rege facto.

Dans le Virgile *in ufum Delphini*, les mots *regali*
luxu font interprétés par *regali pompâ*, & les mots
regifico luxu par *abundantiâ regali*.

Obfervez que l'interprétation que l'on donne ici
aux paffages des Géorgiques & de l'Enéide de Virgile qui font cités à l'appui du texte, non-feulement
eft autorifée, comme on le voit, par les meilleurs

VIRGILE, en se servant de ces mots, ne s'exprime pas en Poëte, métaphoriquement. Il parle au propre, comme il eût fait dans le discours familier, & comme les gens mêmes de la campagne s'exprimoient en parlant des mêmes choses. Cicéron en fournit la preuve, dans son second livre *de l'Orateur.* « Si notre Sul-
» pitius, *dit cet illustre Romain*, obser-
» voit ce précepte, son style seroit plus
» serré. Au lieu que présentement,
» pour m'exprimer comme les gens de
» la campagne ont coutume de faire en
» parlant d'une extrême abondance dans
» les herbes, il s'y trouve en quelques
» endroits un certain SUPERFLU, une
» certaine SURABONDANCE (*luxuries*
» *quædam*) qu'il faudroit élaguer (*f*) ».

---

commentateurs ; mais encore s'accorde avec les tra-
ductions les plus connues, telles que celles de Mar-
tignac, de l'Abbé de Saint-Remi, de l'Abbé des
Fontaines, & celle que l'on nomme *des Professeurs.*

(*f*) *Quod si hic noster Sulpitius faceret, multo ejus*

IL eſt viſible par ce paſſage que l'expreſſion *luxuries* renchériſſoit chez les
Romains ſur le ſens d'*extrême abondance*,
& ſignifioit *ſurabondance*, une *abondance*
telle que, ſurpaſſant de beaucoup le beſoin, elle étoit *ſuperflue*. Il eſt pareillement viſible par ce paſſage, dont les
termes & la tournure empruntés des
gens de la campagne ne different point
de l'expreſſion de Virgile, que ce Poëte
en employant le mot *luxuries* & l'aſſo-
ciant à celui de *ſegetum*, n'a uſé d'aucune figure en cette occaſion & qu'il
s'eſt ſervi de ce mot dans ſon ſens ordinaire, tel qu'il étoit pris dans le langage
commun. L'endroit des Géorgiques, où
les mots *luxuries ſegetum* ſont placés,
n'eſt pas le ſeul où Virgile ait fait entrer
des expreſſions uſitées de longue main

---

oratio eſſet preſſior, in quâ nunc interdum, ut in herbis
ruſtici ſolent dicere in ſummâ ubertate, ineſt luxuries quæ-
dam quæ ſtilo depaſcenda eſt.

Cicer. lib. II. de oratore.

parmi les laboureurs , & devenues en quelque forte proverbiales (*g*).

COLUMELLE, qui nous a laiffé des livres en profe fur l'agriculture, fe fert du mot *luxuriofa* en parlant de la vigne pour fignifier une vigne vigoureufe qui pouffe *furabondamment* (*h*). Pline le na-

─────────────────

(*g*) Virgile dans un autre endroit du premier livre des Géorgiques dit :

Humida folflitia atque hyemes orate ferenas
Agricolæ : hyberno lætiffima pulvere farra.

        Georg. lib. I. vers 100 *& fuiv.*

Macrobe nous apprend que dans un recueil de vers antiques, recueil qui paffoit pour le plus ancien des livres romains, on lifoit encore de fon temps une vieille chanfon connue de tous les gens de la campagne, où étoient les mots fuivans : *Hyberno pulvere , verno luto grandia farra camille metes.*

        Macrob. fat. lib. V. cap. 20. *fub fine.*

(*h*) *Plerique vitem validam & luxuriofam falfò crediderunt feraciorem fieri.*

« La plûpart croyent fauffement qu'une vigne vigoureufe & qui POUSSE SURABONDAMMENT rapporte beaucoup.

        Columelle , liv. V. chap. 6.

turaliste applique le même mot à des prés pour signifier des prés très-fournis *où l'herbe vient en surabondance* (i). Il l'applique pareillement à un sol très-bon *qui surabonde en sucs* (k). On tireroit de son ouvrage beaucoup de passages semblables, si l'on ne craignoit de les trop accumuler (l). Quinte-Curce employe & *lu-*

(i) *Nec* luxuriosa *pabula pinguis soli semper indicium habent.*

« Des prés très-fournis où l'herbe vient en SURA-
» BONDANCE, ne sont pas toujours un indice que le
» sol soit gras ».

Pline, liv. XVII, chap. 4. nat. Hist.

(k) *Germinantia nisi in solo* luxurioso *fodienda non sunt.*

« Il ne faut pas bêcher les plantes qui poussent,
» à moins que le sol (ne SURABONDE en sucs), ne
» soit très-bon ».

Pline, nat. Hist. lib. XVIII. cap. 29.

Antoine du Pinet, Seigneur de Noroy, qui a mis
en françois l'Histoire naturelle de Pline, traduit *nisi
in solo luxurioso* par *sinon que le terroir fût* FORT
BON.

(l) On se contente de joindre ici un passage aux
deux qu'on vient de rapporter. Le voici : *Est & luxu-*

xuria & *luxus* dans le fens de *magnifi-*

riofa *ratio vites ferendi, ut quatuor malleoli vehementi vinculo colligentur in parte* luxuriofa : *atque ità vel per offa bubuli cruris, vel per colla fictilia trajecti, obruantur, binis eminentibus gemmis.* « On plante encore la
» vigne d'une maniere qui réuffit parfaitement bien
» (littéralement *qui rend* SURABONDAMMENT.) On
» prend quatre marcottes. On les lie enfemble très-
» ferré à l'endroit où ils font en meilleur état (litté-
» ralement *à l'endroit où les fucs* SURABONDENT).
» Enfuite on les paffe par un os de jambe de bœuf
» ou par un tuyau de terre, & on les enfonce en
» terre, laiffant feulement deux boutons dehors ».

Plin. nat. Hift. lib. XVII. cap. 21.

Le Pere Hardouin dans fon commentaire fur ce paffage de Pline explique *luxuriofa ratio* par *ratio quam luxuria monftravit,* & *in parte luxuriofâ* qui eft dans la même phrafe par *in parte maxime lætâ.* On ne voit pas fur quoi le Pere Hardouin fe fonde pour expliquer de deux manieres différentes un même mot employé en deux endroits de la même phrafe. Il eft bien plus naturel de lui attribuer le même fens dans les deux endroits & d'expliquer le premier *luxuriofa* de même que le fecond par *maximè læta* qui va à tous les deux ; au lieu que l'explication du premier par *quam luxuria monftravit,* ne convient point du tout au fecond, & par-là fe démontre fauffe. On fçait que le P. Hardouin, quoique d'une érudition rare, étoit fujet à fe livrer à des conjectures très-fingulieres & très-éloignées du vrai.

cence (*m*). Ovide dans ses Héroïdes, épitre premiere, donne au verbe *luxuriat* le sens de *surabonder* (*n*).

PAR-TOUT le mot *luxus*, ses synonymes, ses co-dérivés expriment fondamentalement l'idée simple de *superflu*, de *surabondance*. Lorsqu'il s'y joint un

---

(*m*) *Hæc vero turba muliebriter propemodum culta, luxu magis quam decoris armis conspicua erat.*

« Cette troupe, à-peu-près parée comme des femmes, étoit plus remarquable par sa MAGNIFICENCE » que par la beauté de ses armes ».

Quinte-Curce, liv. III. §. 7.

Cultus Regis, inter omnia, luxuriâ notabatur.

« La MAGNIFICENCE, qui éclatoit dans la personne » du Roi, surpassoit tout ».

Ibid. liv. III. §. 8.

Vaugelas traduit ainsi cette phrase : Rien n'égaloit la MAGNIFICENCE du Roi.

(*n*) *Jam seges est ubi Troja fuit, resecandaque falce Luxuriat Phrygio sanguine pinguis humus.*

Ovid. Heroïd. Ep. I. vers 53.

« Déja le bled croît sur le sol où fut Troye, & » la terre engraissée du sang Phrygien SURABONDE » en moissons prêtes à être coupées ».

sens d'improbation, il le reçoit de la tournure de la phrase & de l'esprit de la partie du discours où il se trouve. Par lui-même ce mot ne le comporte pas.

Si dans un ou deux des passages cités, on peut traduire les mots *LUXUS*, *luxuries*, &c. par des termes qui emportent avec eux un sens d'improbation & de blâme, par exemple, par l'idée complexe de *superflu nuisible*, comme notamment Servius l'a entendu du mot LUXURIES dans le vers des Géorgiques,

Luxuriem segetum tenerâ depascit in herbâ (o).

il est évident & on en conviendra sans difficulté, quand on sera de bonne foi, que le sens simple de *superflu*, de *surabondance*, sans aucune autre idée accessoire, convient infiniment mieux à ces mêmes passages, & que l'interprétation

_____

(o) On montrera plus bas en détail que l'interprétation du mot *luxuries* dans ce vers par Servius ne mérite aucune attention.

du mot *luxus* & de ſes co-dérivés par une idée complexe comportant, outre le ſens de *ſuperflu*, un ſens d'improbation, ne peut abſolument être admiſe dans tous les autres paſſages.

CELA décide d'une maniere péremptoire que la ſignification de *ſuperflu*, de *ſurabondance*, de choſe *au-delà du néceſſaire*, ſans autre idée acceſſoire, eſt la ſignification primitive & propre du mot LUXUS. Car un mot, qui a par lui-même un ſens ſimple, & qui ne reçoit un ſens complexe que par la détermination du texte où il ſe trouve, a probablement ce ſens ſimple pour ſignification originaire. La probabilité ſe change en certitude, lorſque ce mot ſe trouve employé très-communément dans l'acception du ſens ſimple non-ſeulement par toutes les claſſes d'écrivains, mais même dans le langage vulgaire par les habitans des campagnes. Or c'eſt ce que l'on remarque à l'égard du mot *luxus* & de ſes co-dérivés. Parmi les Auteurs de l'ancienne latinité, qui ont échappé à la faulx du temps, pluſieurs des plus recommandables ont employé ces mots dans l'acception du ſens ſimple, comme le prouvent les paſſages cités ci-deſſus ; & l'on a vû que Cicéron rend témoignage que ces mêmes mots étoient pris au même ſens par les gens de la campagne dans leurs diſcours or-dinaires.

A cela ſe joint que les Dictionnaires latin-françois compoſés avant que le mot *Luxe* ait été introduit dans notre langue, ce qui n'a été que dans le cours du dernier ſiècle, traduiſent tous le mot *Luxus* par *ſuperfluité*, & placent toujours cette interprétation la premiere comme la ſignification génuine du mot. Dans le Dictionnaire françois-latin de Nicot, imprimé en 1606 ſous le titre de *Tréſor de la Langue françoiſe*, au mot *ſuperfluité*, on rend *TOUTE SUPER-*

FLUITE' foit en viande , en habits ou autres chofes, par *luxus, fumptus.* Dans le
Calepin à l'article *Luxus* on lit *Luxus,*
ûs, non folum pro re venereâ, fed etiam &
ferè femper proprièque *pro omni fuperflui-*
tate...dici folet. Le *Tréfor de la Langue la-*
tine par Robert Eftienne donne le mot
fuperfluitas pour premier fynonyme au
mot *Luxus.*

L'ACCEPTION du mot *Luxus* & de
fes co-dérivés dans laquelle ces mots
font pris pour fignifier *incontinence,* eft
encore une preuve fenfible que les mots
luxus, luxuries & *luxuria* fignifient au
propre *fuperflu, furabondance.* Car la vigueur qui fait rechercher fréquemment
les careffes des femmes & qui porte au
Péché de luxure, a fa fource dans la
furabondance des fucs qu'on ne peut con-
tenir comme l'indique le mot françois
incontinence répondant en cela très-bien
à l'efprit du mot latin *luxuria* employé

pour exprimer un grand penchant aux plaisirs de l'amour.

FESTUS a donné l'étymologie du mot *luxuriosus* d'où sont dérivés, selon lui, les mots *luxus, luxuries* & *luxuria*. Il le tire de l'adjectif *luxus*, qui, en parlant des membres du corps, signifie *sortis de leur place* & *relâchés*. La raison qu'il donne de cette étymologie est que le *luxueux est relâché dans sa dépense* & *sort des bornes ordinaires*. Voici comme il s'énonce : *Luxa membra è suis locis mota* & *soluta : à quo luxuriosus in re familiari solutus*. Le rapport d'un homme adonné au Luxe avec un membre démis, n'est pas fort sensible. Mais que ce rapport soit juste ou ne le soit pas, en approfondissant les raisons qui peuvent l'avoir fait imaginer, on trouve que c'est par une suite de ce que l'on regardoit les dépenses de Luxe comme des dépenses *superflues*, comme des dépenses

au-delà du *nécessaire*. Festus devoit sçavoir le sens du mot *luxuriosus*. Il atteste
qu'il signifioit *un homme relâché dans sa
dépense*, *un homme qui sortoit des bornes
ordinaires*. C'est la force du mot *solutus*
dans l'endroit cité où il est employé pour
marquer le rapport qui a fait tirer le mot
luxuriosus de l'adjectif *luxus*. Festus n'a
pu admettre ce rapport qu'autant qu'il
sçavoit que l'on considéroit les jouissances non taxées de Luxe comme for-
mant une sphere où l'homme étoit placé suivant son état nécessaire, & que
l'on pensoit qu'en ajoutant à ces jouissances, il sortoit de sa sphere naturelle.
Il a vû par-là de la similitude entre un
homme ainsi sorti de sa sphére & un os
sorti de sa place naturelle. Les jouissances non taxées de Luxe étoient donc réputées nécessaires, & par le mot *luxus*
on entendoit donc chez les Romains les
jouissances au-delà du *nécessaire*, c'est-à-
dire, les *jouissances superflues* & même
en général *toute superfluité*, comme le

prouve l'ufage que Virgile & les autres Auteurs cités en ont·fait.

Nonius Marcellus, Grammairien au refte peu eftimé, qui, comme Feftus, dérive le mot *luxuria* de l'adjectif *luxus* en rend raifon en cestermes : *quia à rectâ vivendi viâ fit exclufa & ejecta.* Pour concilier cette explication avec les paffages des Auteurs corrects dont on a fait mention où le mot *luxuria* & fes codérivés font employés ; & même pour trouver à cette explication un fens qui ne foit point futile, il faut rendre le *rectâ vivendi viâ* par *la maniere naturelle, la maniere ordinaire de vivre :* traduction qui donne à la phrafe un très-bon fens. Alors l'explication de Nonius rentre entierement dans le fens de Feftus ; & c'eft ainfi que Gérard-Jean Voffius en a jugé dans fon *Etymologicon linguæ latinæ* au mot *luxus*, où venant de parler de Feftus, il dit , *fimiliaque Nonius habet.* Autrement, fi l'on traduit *rectâ vivendi viâ* par *la bonne maniere de vivre* ou par *la droite maniere de vivre*, on n'a plus qu'un fens qui n'indique aucun rapport entre le mot *luxuria* & la racine qu'on lui donne ; d'ailleurs l'oppofition avec le *bon* ou le *droit* n'étant pas ce qui caractérife fpécialement le *Luxe*, on ne voit point pourquoi le Luxe auroit pris fa dénomination d'un caractere qui n'eft pas véritablement le fien. En troifieme lieu le fens qui réfulte pour le mot *luxuria* de la maniere dont Nonius en donne l'étymologie, ne s'accorde plus avec l'ufage que des Auteurs d'une autorité tout-à-fait impofante ont fait de ce mot. Par toutes ces raifons, fi l'on n'admet pas la traduction de *rectâ* par *ordinaire*, *naturelle*, il faut rejetter l'explication que Nonius donne du mot *luxuria* parmi la plus grande partie des articles de fon Lexique que les meilleurs critiques méprifent.

SERVIUS fur le mot *luxuries* dans le vers des Géorgiques,

Luxuriem *segetum tenerâ depaſcit in herbâ;* dit : *Bene luxuriem! ut oſtendat rem ſuper-fluam & nocituram, niſi amputetur officere.* Ce qui ſignifie *luxuriem, mot bien choi-ſi! pour montrer qu'une choſe ſuperflue & nuiſible, nuit ſi elle n'eſt pas retranchée.* L'autorité de Servius n'eſt pas d'un grand poids. Les bons Humaniſtes le regardent comme un commentateur très-fautif ; & M. Delille, qui vient de traduire en vers d'une maniere ſi excel-lente les Géorgiques, ne feint pas de dire que Servius eſt peut-être le moins judicieux de tous les commentateurs de Virgile. Mais le préjugé, qui depuis long-temps ne laiſſe voir dans le mot de *Luxe* que l'expreſſion d'un *ſuperflu nuiſible, vicieux,* fait adopter cette in-terprétation & même la préſente natu-rellement à l'eſprit, d'autant que le ſens de la phraſe n'y répugne pas (*p*).

(*p*) C'eſt dans la note ſur le 58e vers du premier Livre des Géorgiques où ſont ces mots *bis quæ ſo-*

NÉANMOINS de ce que *luxuries* reçoit souvent au moral le sens de *superflu vicieux*, il ne s'ensuit pas que ce sens soit son sens propre & unique ; & de ce que le mot *luxuries* dans le vers des Géorgiques où il se trouve joint avec *segetum*, peut être traduit par l'idée complexe de *superflu vicieux*, on n'en doit pas conclure que Virgile ait attaché cette valeur au mot *luxuries* ; dès que la phrase a un sens complet & tout-à-fait satisfaisant en traduisant ce mot par l'idée simple de *superflu*, de *surabondance*.

SI le mot *luxuries* portoit par lui-même au propre l'idée complexe de *superflu vicieux*, par-tout où ce mot, ses synonymes & ses co-dérivés seroient employés, ils pourroient être traduits par

---

lent bis frigora sensit, que M. Delille s'explique au sujet de Servius, page 90 de l'édition *in-12.* petit format de la nouvelle traduction des Géorgiques de Virgile en vers françois.

ces mots ou par d'autres qui en rappel-
leroient l'idée. Cependant on a rappor-
té des paſſages dans leſquels les mots
luxuria, *luxus*, &c. ne peuvent abſolument être rendus avec quelque ombre
de raiſon par l'idée de *ſuperflu vicieux*.

COMMENT adapter cette interprétation aux vers de l'Enéide

At domus interior regali ſplendida luxu
Inſtruitur....

       Epulæque ante ora paratæ
Regifico luxu...?
            Vid. ſuprà pag. 183...

Comment l'adapter au paſſage de Columelle

Plerique vitem validam & luxurioſam *falſò*
crediderunt feraciorem fieri ?
           Vid. ſup. pag. 186.

A ceux de Pline,

Nec luxurioſa *pabula pinguis ſoli ſemper*
indicium habent ;
           Vid. ſup. 187.

Germinantia niſi en ſolo luxurioſo *fodienda*
non ſunt ;
           Vid. ſup. pag. 187.

                    Eſt

Eſt & luxurioſa ratio vites ſerendi , ut quatuor malleoli vehementi vinculo colligentur in parte luxurioſâ.

Vid. ſup. pag. 188.

A celui d'Ovide ,

Jam ſeges eſt ubi Troja fuit, reſecandaque falce Luxuriat Phrygio ſanguine pinguis humus.

Vid. ſup. p. 189.

On ne peut pas davantage faire entrer l'idée de *ſuperflu nuiſible vicieux* dans le vers du premier livre des Géorgiques,

At ſi luxuriâ *foliorum exuberat umbra.*

Vid. ſup. pag. 180.

Ni dans ce paſſage du troiſieme livre

Luxuriatque toris animoſum pectus.

Vid. ſup. pag. 182.

On ſent que dans le vers du même poëme

Hoc faciunt nimio ne luxu *obtuſior uſis Sit genitali arvo.*

Vid. ſup. pag. 181.

là traduction du mot *luxu* par *SURABONDANCE*, par *SUPERFLU de nourriture*, ſuivant l'interprétation de Taubman *pabuli copiâ*, complete le ſens de

II. *Partie.*   O

la phrafe & que d'y joindre l'idée de *nuifible*, de *vicieux*, ne feroit que l'embarraffer. De plus l'adjectif *nimio* en françois *trop grand* qui accompagne dans ce paffage le mot *luxu*, montre affez clairement, indépendamment des conféquences à tirer des autres paffages cités, que le mot *luxus* ne portoit pas avec lui dans l'efprit de Virgile l'idée d'un *fuperflu nuifible*, *vicieux*. Car Virgile marquant par l'épithete de *nimio* le cas où la chofe qu'il défigne par le mot *luxu* eft en danger de nuire, c'eft comme s'il difoit que, hors de ce cas, la chofe dont il parle, quoiqu'énoncée par le mot *luxu*, n'auroit point de danger. Par conféquent il eft fenfible que le mot *luxus* ne portoit par lui-même que l'idée fimple de *fuperflu* fans aucune autre idée acceffoire *.

---

* Thom. Hólyoke, dans fon grand Dict. Latin-Anglois, imprimé à Londres en 1677, in-fol. rend *luxuriofa pabula* de Pline, par *very abundant feeding of cattel*, & *frumenta luxuriofa* par *corn growing very rich*.

Fin de l'Appendice.

Errata de la premiere Partie.

CHAP. IV. *Page 78*, *ligne 8.* Subfiftance? *lifez* fubfiftance.

Ibid. *Page 98*, *lig. 9 & 10.* Il eft inconteftable que ce bonheur, *lifez* il eft inconteftable que le bonheur

CHAP. V. *Pag. 113*, *lig. 1.* *Pain faƈtice*, *lifez* *pain faitis*

Ibid. *Page 116*, *lig. 22 & 23.* Et c'eft caufe, *lif.* & c'eft à caufe

CHAP. VI. *Page 125*, *lig. 9.* Le chaos que préfente, *lif.* Mais le chaos que préfente

CHAP. VII. *Page 154*, *ligne 1.* Ces états; n'eft-il pas vrai, *lif.* ces états. N'eft-il pas vrai

Ibid. *Ligne 11.* Analogie. *lif.* analogie?

Seconde Partie.

CHAP. I. *Page 22*, *lig. 19.* Elle eft inadmiffible, *lif.* elle eft inamiffible

CHAP. III. *Page 48*, *lig. 7.* Pour fe procurer, *lif.* à fe procurer

CHAP. IV. *Page 71*, *lig. 12 & 13.* Nous n'aurons, *lif.* Nous n'aurions

CHAP. VI. *Page 131.* Aux progès d'une nation, *lif.* aux progrès d'une nation.

Appendice.

Page 179, *lig. 16.* Se compofant du fuperflu; *lif.* fe compofant de fuperflu.